한달완성

한국어 중급 II 듣기

연세대학교 대학출판문화원

한달완성
한국어 중급 II 듣기

편 저 자 연세대학교 한국어학당 교재편찬위원회
집 필 진 이희경 · 전나영 · 김선영 · 강혜림
펴 낸 곳 연세대학교 대학출판문화원
주　　소 서울특별시 서대문구 성산로 262
전　　화 02)2123-3380~2
팩　　스 02)2123-8673
E-mail ysup@yonsei.ac.kr
홈페이지 http://www.yonsei.ac.kr/press
등　　록 1955년 10월 13일 제9-60호
그　　림 이은황
성　　우 전광주 · 윤미나
녹　　음 (주)반도음반
인　　쇄 (주)동국문화

2006년 6월 29일 초판 발행
2014년 11월 12일 수정판 4쇄
ISBN 978-89-7141-848-2 (08710)

값 27,000원 (CD 포함)

머리말

한국어 교육의 50년 전통을 이어 온 연세대학교 언어연구교육원 한국어학당에서는 한국어 교육의 질을 높이기 위해 다양한 교재를 편찬해 왔다. 요즘 한국과 한국 문화에 대한 세계인들의 관심이 높아지고 한국어를 배우고자 하는 해외동포와 외국인이 늘면서 한국어 교재에 대한 학습자들의 요구도 다양해졌다. 이에 따라 연세대학교 언어연구교육원 한국어학당에서는 한국어 중급 학습자를 위해 말하기, 듣기, 쓰기 능력을 강화할 수 있는 교재를 출간하게 되었다. 이들 교재는 학습자들이 한국어를 배우면서 부족하다고 느끼는 기술별 한국어 능력을 보충할 수 있도록 하기 위해 만들어졌다. 각 교재는 학습자들이 필요와 목적에 따라 선택하여 집중적으로 기술별 한국어 능력을 향상할 수 있도록 구성되었다.

언어 교육은 목표 언어를 통한 의사소통 능력을 향상시키고 그 언어가 속한 사회와 문화를 이해하는 데 그 목적이 있다. 이를 위해서는 일정 수준의 언어 능력이 우선되어야 할 것이다. 이 교재는 짧은 시간에 기술별 한국어 능력을 강화시키고자 하는 학습자들에게 많은 도움이 될 것이며 한국어학당에서 출간된 회화 중심의 교재와 더불어 한국어 교육에 큰 몫을 담당하리라고 본다.

이들 교재는 한국어 중급 학습자를 위한 기술별 교재로는 첫 번째 시도인 만큼 부족한 부분도 있으리라 생각한다. 연세대학교 언어연구교육원 한국어학당 교재편찬위원회는 앞으로도 학습자들의 요구에 부응하는 보다 나은 교재를 개발하기 위해 최선을 다할 것이다.

연세대학교 언어연구교육원
한국어학당 교재편찬위원회

일러두기

『한달완성 한국어 중급 듣기』는 중급 단계의 한국어를 배우고 있는 외국인 및 교포 성인 학습자를 대상으로 하는 듣기 교재이다.

이 책은 듣기 연습을 위한 18개 과와 앞에서 배운 내용을 총정리하고 실력을 확인할 수 있는 시험 형태의 2개 과를 포함하여 모두 20개 과로 되어 있다. 각 과의 주제는 일상생활에서 자주 접하게 되는 내용을 중심으로 한 개인적인 경험과 계획 등에 대한 설명, 사물과 인물의 묘사, 건강, 음식과 영양, 제안 및 거절, 인터뷰, 상담, 뉴스 등을 다양하게 다룬다.

각 과는 첫째 마당, 둘째 마당, 셋째 마당으로 구성되어 있다.

- **첫째 마당**은 준비 단계로 각 주제별 기본 단어와 일상생활에서 자주 접하게 되는 대화 및 짧은 담화로 구성되어 있다.
- **둘째 마당**은 제시된 단어와 듣기 본문의 내용이 첫째 마당에 비해 좀 더 어렵고 본문도 긴 문단으로 구성되어 있다.

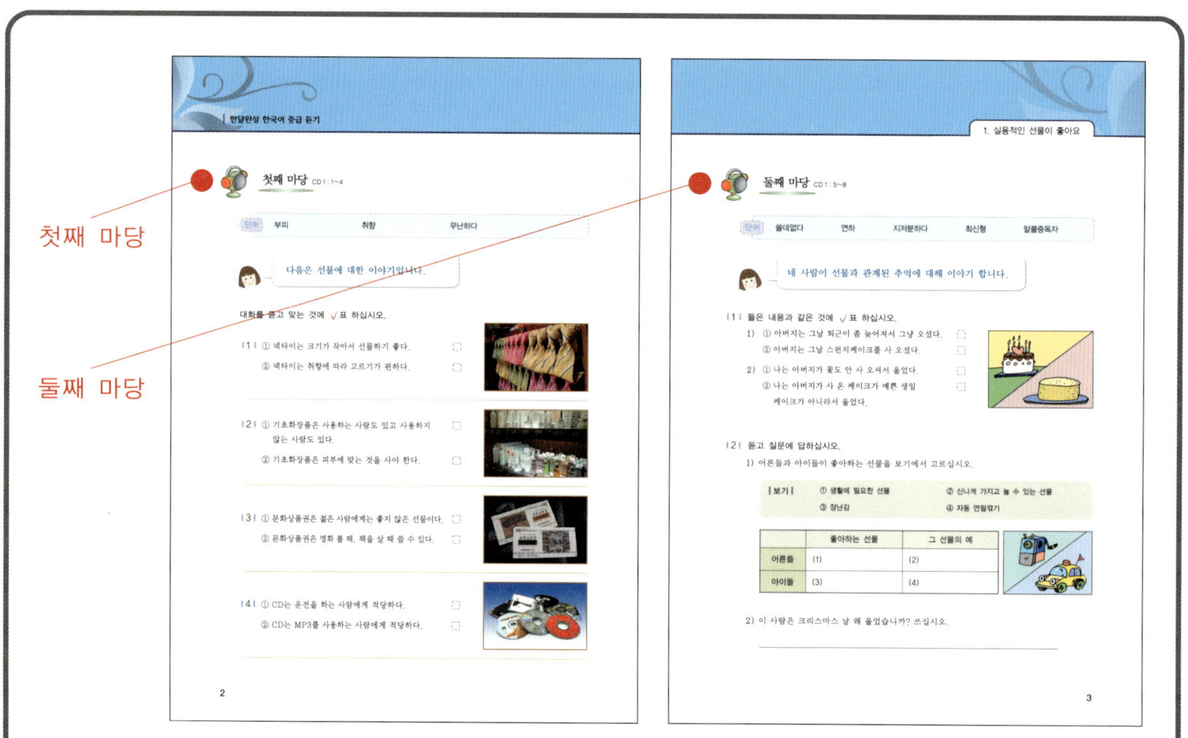

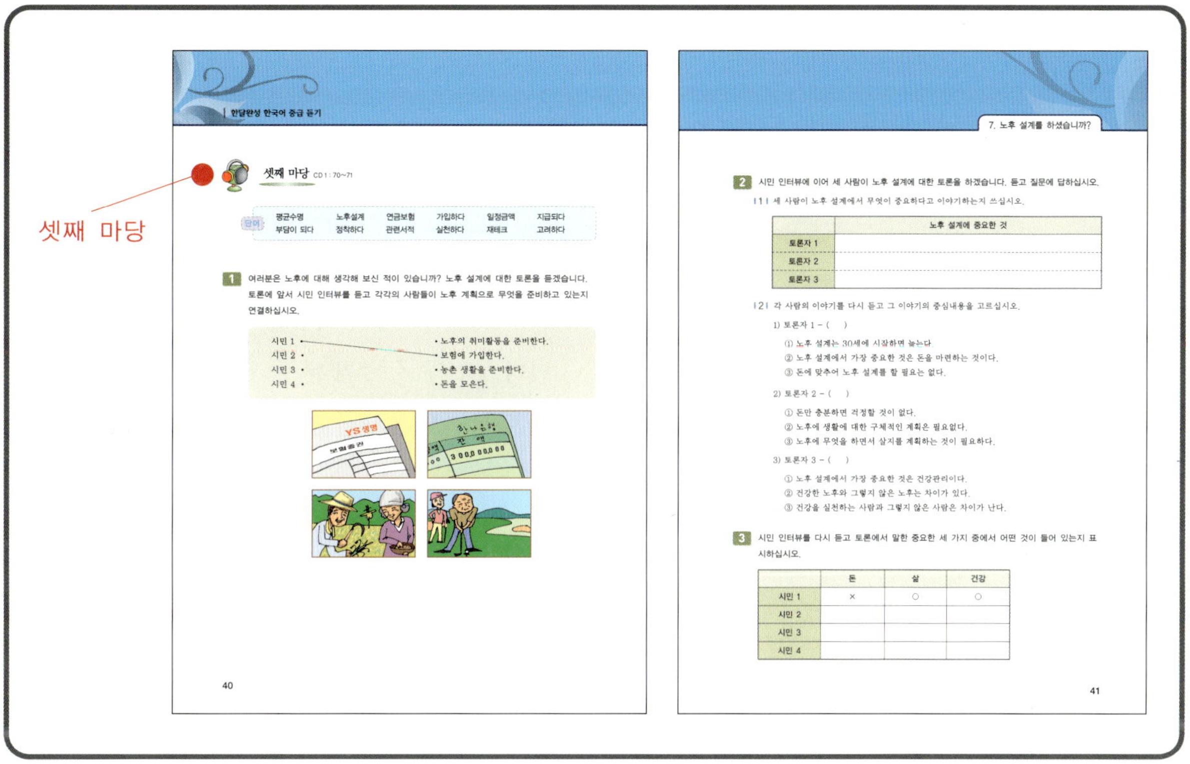

• **셋째 마당**은 해당 주제와 관련된 좀 더 심화된 내용으로 단어와 듣기 본문 내용의 난이도가 가장 높게 구성되어 있다.

각 과는 학생의 관심사와 필요에 따라 순서에 상관없이 주제를 선택하여 수업할 수 있도록 독립되어 있으며, 각 마당별로 제시된 단어는 내용 이해에 필요한 기본 단어로 그 단어를 알아야 내용 파악이 쉽다. 그러나 실력 확인을 위한 연습으로 사용하고자 할 때는 단어를 학습하지 않고 진행할 수 있다.

각 과는 학생의 수준에 따라 첫째 마당, 둘째 마당, 셋째 마당 중 선별해서 수업을 진행할 수 있도록 고안하였고 듣기에 어려움을 느끼는 학생의 경우 첫째 마당과 둘째 마당을, 좀 더 어려운 내용의 듣기 연습을 원하는 학생의 경우 둘째 마당과 셋째 마당으로 수업을 진행할 수 있도록 구성되어 있다.

내용 구성

과	제목	내용	학습 목표
1	실용적인 선물이 좋아요	선물 고르기 선물에 대한 추억 선물에 대한 생각	선물과 관계된 대화와 이야기를 듣고 이해한다.
2	어제 취업 설명회에 갔었어요	어제 있었던 일 취업설명회 다녀온 일 입사 인터뷰한 일	어제 한 일, 과거 경험에 대한 대화와 이야기를 듣고 이해한다.
3	이러셔도 되는 거예요?	공공장소에서 생긴 일 이웃집과 생긴 일 주차 때문에 생긴 일	일상생활에서 흔히 접할 수 있는 짜증스러운 일에 대한 대화와 이야기를 듣고 이해한다.
4	해결 방법이 있을 거예요	물건이 고장 난 상황 전화로 물건 주문 해결해야 할 문제	일상생활에서 많이 접하는 여러 문제에 대한 대화와 이야기를 듣고 이해한다.
5	차이가 뭔지 설명해 주세요	물건의 장·단점 비교 차이에 대한 이야기 방법, 표현 등의 차이	물건의 장 · 단점과 차이에 대한 대화와 이야기를 듣고 이해한다.
6	고민을 무척 많이 했습니다	불편한 교통편 점심 메뉴 결정 삶 속의 고민	고민에 대한 대화와 이야기를 듣고 주요 내용을 파악한다.
7	노후 설계를 하셨습니까?	결혼계획 방학계획 노후설계	계획에 대한 긴 대화와 토론을 듣고 이해한다.
8	수납을 하신 후에 방사선과로 가세요	병과 관련된 이야기 종합병원에서 접수, 진료, 치료 과정	병과 증세, 치료법과 관련된 대화와 이야기를 듣고 이해한다.
9	다음은 주간 연예계 소식입니다	짧은 뉴스 생활 뉴스 대담형식의 뉴스	다양한 형식의 뉴스를 듣고 주요 내용을 파악한다.
10	듣기 실력을 점검해 봅시다(Ⅰ)	1과~9과의 종합적인 문제	현재의 듣기 실력을 알아 본다.

과	제목	내용	학습 목표
11	음성 메시지를 확인하십시오	전화번호 안내 음성 메시지 확인 휴대전화에 대한 시민의 의견	전화와 관련된 대화와 이야기를 듣고 이해한다.
12	제 설명이 이해가 되세요?	문 잠금장치 설명 사은품 증정 안내 인터넷 가입	각종 안내와 설명에 사용되는 단어와 표현을 듣고 이해한다.
13	이 귀여운 아이가 바로 접니다	미용실에서의 대화 사진 설명 용의자 인상착의 설명	외모를 묘사하는 대화와 이야기를 듣고 이해한다.
14	한국말을 배우게 된 동기가 있습니까?	편입시험 인터뷰 아르바이트 구직 인터뷰 입사 인터뷰	인터뷰에서 많이 쓰이는 단어와 표현을 듣고 이해한다.
15	어떻게 하면 듣기를 잘 할 수 있습니까?	듣기에 대한 강의 학교 오리엔테이션	듣기를 잘 할 수 있는 방법에 대한 강의와 학교 오리엔테이션을 듣고 이해한다.
16	상담 좀 하고 싶은데요	상담실 이용 안내 고민 상담	고민을 상담하는 대화와 이야기를 듣고 주요 내용을 파악한다.
17	여가시간을 어떻게 보내십니까?	취미생활 소개 동호회 소개	여가활동과 동호회 활동에 대한 대화와 이야기를 듣고 이해한다.
18	음식이 보약입니다	김치찌개 만드는 법 김치의 영양과 효능 사상체질	음식과 건강에 대한 대화와 이야기를 듣고 이해한다.
19	오늘 뉴스 들으셨습니까?	짧은 뉴스 사건 · 사고 뉴스 문화 뉴스	다양한 뉴스를 듣고 주요 내용을 파악한다.
20	듣기 실력을 점검해 봅시다(Ⅱ)	11과~19과의 종합적인 문제	현재의 듣기 실력을 알아본다.

차례

1

실용적인 선물이 좋아요

학습 목표 선물과 관계된 대화와 이야기를 듣고 이해한다.

첫째 마당 CD 1 : 1~4

단어	부피	취향	무난하다

다음은 선물에 대한 이야기입니다.

대화를 듣고 맞는 것에 √ 표 하십시오.

1 ① 넥타이는 크기가 작아서 선물하기 좋다. ☐

② 넥타이는 취향에 따라 고르기가 편하다. ☐

2 ① 기초화장품은 사용하는 사람도 있고 사용하지 않는 사람도 있다. ☐

② 기초화장품은 피부에 맞는 것을 사야 한다. ☐

3 ① 문화상품권은 젊은 사람에게는 좋지 않은 선물이다. ☐

② 문화상품권은 영화 볼 때, 책을 살 때 쓸 수 있다. ☐

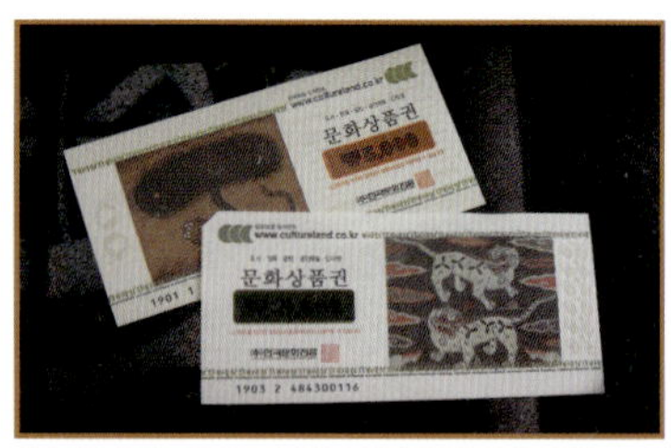

4 ① CD는 운전을 하는 사람에게 적당하다. ☐

② CD는 MP3를 사용하는 사람에게 적당하다. ☐

둘째 마당 CD 1 : 5~8

단어 쓸데없다 연하 지저분하다 최신형 알콜중독자

네 사람이 선물과 관계된 추억에 대해 이야기 합니다.

| 1 | 들은 내용과 같은 것에 √ 표 하십시오.

1) ① 아버지는 그날 퇴근이 좀 늦어져서 그냥 오셨다. ☐
② 아버지는 그날 스펀지케이크를 사 오셨다. ☐

2) ① 나는 아버지가 꽃도 안 사 오셔서 울었다. ☐
② 나는 아버지가 사 온 케이크가 예쁜 생일 케이크가 아니라서 울었다. ☐

| 2 | 듣고 질문에 답하십시오.

1) 어른들과 아이들이 좋아하는 선물을 보기에서 고르십시오.

| 보기 | ① 생활에 필요한 선물 ② 신나게 가지고 놀 수 있는 선물 ③ 장난감 ④ 자동 연필깎기

	좋아하는 선물	그 선물의 예
어른들	(1)	(2)
아이들	(3)	(4)

2) 이 사람은 크리스마스 날 왜 울었습니까? 쓰십시오.

____

| 3 | 듣고 질문에 답하십시오.

1) 남자 주인공이 무엇을 선물했고, 왜 그 선물을 했는지 쓰십시오.

---

2) 여자 주인공이 기대한 선물은 어떤 선물이라고 생각합니까? (　　)

① 사랑의 의미가 담긴 선물
② 생활에 필요한 선물
③ 최신 모델의 선물

| 4 | 듣고 질문에 답하십시오.

1) 여자 주인공이 무엇을 선물했습니까? 쓰십시오.

---

2) 여자 주인공은 어떤 선물을 했다고 생각하십니까? (　　)

① 남자 주인공의 건강을 생각한 선물
② 남자 주인공이 가지고 싶어 했던 선물
③ 남자 주인공을 죽이는 선물

셋째 마당 CD 1 : 9~10

단어

송년 모임	기분이 상하다	보급되다	실용적이다
성의없다	기대감	아깝다	

1 대화를 듣고 질문에 답하십시오.

1 이 대화에서 말하는 '선물교환'이란 무엇입니까? (　　)

① 정해진 돈에 맞추어 선물을 사서 서로 교환하는 것
② 정해진 돈에 맞추어 선물을 사서 그 중에서 뽑는 것
③ 정해진 돈에 맞추어 선물을 사서 정해진 사람에게 주는 것

2 남자와 여자가 선물교환에 대해서 각각 무엇이 좋다고 생각하는지 쓰십시오.

- 남자 : ______________________________
- 여자 : ______________________________

3 남자는 전에 한 직장모임에서 무엇 때문에 기분이 상했습니까? (　　)

① 선물이 실용적이지 않아서
② 성의가 없는 선물을 받아서
③ 만 원짜리 선물을 받아서

2 이어지는 대화를 듣고 질문에 답하십시오.

1 남자와 여자는 선물에서 중요한 것이 무엇이라고 생각합니까?

① 남자가 중요하다고 생각하는 것 : ______________________________
② 여자가 중요하다고 생각하는 것 : ______________________________

2 사람들이 결혼 선물 대신 현금을 주는 이유는 무엇입니까?

____

3 남자와 여자가 아래 선물 중에서 고른다면 어떤 것을 고르겠습니까?

남자 (　　)　　　여자 (　　)

① 문화상품권　　② 기초화장품　　③ 넥타이　　④ CD

2

어제 취업 설명회에 갔었어요

학습 목표 어제 한 일, 과거 경험에 대한 대화와 이야기를 듣고 이해한다.

첫째 마당 CD 1 : 11~14

단어 새까맣다 타다 따갑다 모기에 물리다 잔뜩 (차가) 잘 빠지다

네 사람이 어제 있었던 일에 대해 이야기합니다.

각 사람이 주말에 있었던 일에 대해 어떻게 생각하는지 듣고 아래 빈 칸을 채우십시오.

1	만족	날씨가 좋았다.
	불만족	
2	만족	
	불만족	
3	만족	
	불만족	
4	만족	
	불만족	

둘째 마당 CD 1 : 15~19

단어					
체하다	다듬다	깜빡하다	진입로	연착하다	평가
흐름	독특하다	명장면	어긋나다	원만해서	

1 각각의 대화를 듣고 어제 남자에게 있었던 일을 고르십시오.

|1| (　　)

① 재미있게 놀기는 했다.
② 아파서 누워 있는 체했다.
③ 체해서 꼼짝도 못 했다.

|2| (　　)

① 머리를 많이 잘랐다.
② 머리를 조금 잘랐다.
③ 머리 모양을 바꾸었다.

|3| (　　)

① 바람소리 때문에 핸드폰 소리를 못 들었다.
② 회의 중이라 핸드폰을 켜 놓을 수 없었다.
③ 나중에 미선 씨에게 전화할 생각이었는데 잊어버렸다.

2 이야기를 듣고 맞는 것에 √표 하십시오.

|1| ① 이 사람은 부모님을 배웅하러 공항에 갔다. ☐
② 이 사람은 부모님을 마중하러 공항에 갔다. ☐

|2| ① 공항으로 가는 길을 지나쳐서 늦었다. ☐
② 집에서 출발을 늦게 해서 공항에 늦었다. ☐

|3| ① 길이 안 막혀서 부모님이 기다리지 않으셔도 되었다. ☐
② 비행기가 늦게 도착해서 부모님이 기다리지 않으셔도 되었다. ☐

3 영화에 대한 대화입니다. 듣고 질문에 답하십시오.

1 이 영화에 대해 다른 사람들은 어떻게 생각합니까? (　　)

① 좋다는 사람도 있고 그렇지 않다는 사람도 있다.
② 좋지 않다는 사람이 많다.
③ 괜찮다는 사람이 많다.

2 남자는 왜 영화의 처음 부분을 못 보았습니까? 쓰십시오.

____

3 남자는 영화에 대해서 어떻게 생각합니까? (　　)

① 별로이다.　　② 그저 그렇다.　　③ 잘 만들었다.

4 남자는 왜 영화의 첫 부분을 극장에서 보고 싶어 합니까? (　　)

① 극장에서 봐야 제 맛이 나서
② 이 영화가 괜찮아서
③ 친구가 보고 싶어 해서

5 남자는 못 본 첫 부분을 어떻게 볼 것 같습니까? (　　)

① 집에서 비디오로 볼 것이다.
② 이 여자와 같이 볼 것이다.
③ TV 영화 소개프로에서 볼 것이다.

셋째 마당 CD 1 : 20~21

단어 취업 입사원서 접수 지원자 공정하다 아예

1 취업 설명회에 대한 이야기입니다. 듣고 질문에 답하십시오.

1 이 사람은 취업 설명회에 왜 갔습니까? 쓰십시오.

____

2 이 취업 설명회의 내용이 아닌 것을 고르십시오. (　　)

① 그 회사가 어떤 회사인지 설명한다.
② 그 회사에 가면 어떤 일을 하는지 설명한다.
③ 취업에 성공하는 방법을 설명한다.

3 이 사람이 취업 설명회에 가서 무엇을 알게 되었습니까? (　　)

① 취업 문제가 심각하다.
② 취업 설명회에서 입사원서도 받는다.
③ 취업 설명회에 가져 온 입사원서가 부족했다.

2 입사 인터뷰에 대한 대화입니다. 듣고 질문에 답하십시오.

1 남자는 이 인터뷰에서 어떤 실수를 했습니까? (　　)

① 자기 번호를 잊어 버렸다.
② 자기 번호를 부르는데 바로 대답하지 않았다.
③ 자기 번호를 부르는 것을 듣지 못 했다.

2 이 인터뷰에 대한 설명으로 맞는 것을 고르십시오. (   )

① 지원자는 다섯 명이었다.
② 얼굴을 보지 않고 인터뷰를 했다.
③ 지원자들의 정보를 공개하지 않고 했다.

3 이 회사가 인터뷰를 이렇게 하는 이유는 무엇입니까? 쓰십시오.

____

3

이러셔도 되는 거예요?

학습 목표 일상생활에서 흔히 접할 수 있는 짜증스러운 일에 대한 대화와 이야기를 듣고 이해한다.

첫째 마당 CD 1 : 22~29

단어	차지하다	새치기	속삭이다

짜증나는 일에 대한 이야기입니다.

1 이야기를 듣고 □에 번호를 쓰십시오.

2 이럴 때 어떻게 이야기하면 좋을까요? 다시 듣고 적당한 문장과 연결하십시오.

1 • • 아주머니, 여기 줄 섰는데요.

2 • • 저기요, 이야기 소리 때문에 신경이 쓰이거든요. 조금만 조용히 해 주시겠어요?

3 • • 여기요, 물어볼 것이 있는데요. 바쁘신가요?

4 • • 조금만 옆으로 가 주시겠어요?

둘째 마당 CD 1 : 30~32

단어	예민해지다	오늘따라	잔소리	충고	겪다	입금하다

1 대화를 듣고 질문에 답하십시오.

1 602호 여자는 왜 전화를 했습니까? (　　)

① 윗집 아이들이 너무 뛰어서 시끄럽기 때문에
② 남편이 너무 잠이 안 온다고 해서
③ 남편의 스트레스를 풀어주기 위해

2 이 대화에 어울리는 속담을 고르십시오. (　　)

① 웃는 낯에 침 뱉으랴.
② 누워서 떡 먹기.
③ 수박 겉 핥기.

2 이야기를 듣고 질문에 답하십시오.

1 맞는 것에 ✓표 하십시오.

1) ① 이 남자는 잔소리를 들으면 오히려 그 반대로 한다. ☐
② 이 남자는 잔소리는 자기를 위한 말이 아니라고 생각한다. ☐

2) ① 아내는 남편의 성격을 알기 때문에 잔소리를 안 한다. ☐
② 아내는 남편이 잔소리를 싫어하니까 아무 이야기도 안 한다. ☐

2 이 남자의 별명으로 어울리는 것은 무엇입니까? (　　)

① 호랑이　　② 여우　　③ 곰　　④ 청개구리

3 이야기를 듣고 질문에 답하십시오.

1 이 이야기의 제목으로 적당한 것을 고르십시오. (　　)

① 외국인은 왜 홈쇼핑을 못 합니까?
② 여러 나라의 홈쇼핑 문화
③ 홈쇼핑의 편리한 점

2 이 사람이 인터넷 쇼핑을 못하는 이유를 쓰십시오.

____

3 이 사람이 이해하기 힘든 것은 어떤 것입니까? (　　)

① 돈을 먼저 내는데 왜 물건을 살 수 없는지
② 외국인은 왜 회원가입이 안 되는지
③ 왜 한국인만 주민등록증이 있는지

셋째 마당 CD 1 : 33

단어

막다	사이드 브레이크를 채우다/풀다	차를 빼다	언덕	중립
책임지다	언성을 높이다	빵빵 돌다	핑계	

한국에서 주차 공간 때문에 어떤 일이 생기는지 아십니까?

대화를 듣고 질문에 답하십시오.

1 지금 어떤 상황입니까? 고르십시오. (　　)

2 남자가 두 명 나옵니다. 각각 누구입니까?

첫 번째 남자 (　　)　　두 번째 남자 (　　)

① 805호 아저씨　　② 경비 아저씨　　③ 지나가는 아저씨

3 남자는 왜 사이드 브레이크를 풀어 놓지 않았습니까?

____

4 아저씨는 왜 전화번호를 남기지 않았습니까?

____

5 아저씨가 이렇게 주차한 이유는 무엇입니까? (   )

① 아파트를 빵빵 돌아야 하니까
② 출근시간이라서 급해서
③ 주차할 곳이 없어서

4

해결 방법이 있을 거예요

학습 목표 일상생활에서 많이 접하는 여러 문제에 대한 대화와 이야기를 듣고 이해한다.

첫째 마당 CD 1 : 34~37

단어 탈수 짜다 속도 다운이 되다 시동이 걸리다 얼룩

물건이 고장 나서 고생한 경험이 있습니까?

이야기를 듣고 어디에서 하는 이야기인지, 무엇에 문제가 있는지 쓰십시오.

	장소	발생한 문제
1	4	탈수가 되지 않는다.
2		
3		
4		

둘째 마당 CD 1 : 38~40

단어					
변기	물을 내리다	넘치다	뚫다	벌어지다	기울다
전원	연결장치	망가지다	부품	교체하다	

1 대화를 듣고 질문에 답하십시오.

| 1 | 무엇에 문제가 생겼습니까? (   )

❶ 
❷ 
❸ 

| 2 | 아주머니가 처음에 말한 해결 방법은 무엇입니까?

____

2 대화를 듣고 질문에 답하십시오.

| 1 | 대화를 하는 장소는 어디입니까? (   )

❶ 
❷ 

|2| 여자의 안경은 왜 이렇게 되었습니까? (　　)

① 안경을 한 손으로 빼서 안경 한 쪽으로 기울어졌다.
② 안경의 한 쪽이 벗겨져서 기울어졌다.
③ 안경이 비뚤어져서 한 쪽으로 기울어졌다.

3 대화를 듣고 질문에 답하십시오.

|1| 맞는 것에 √표 하십시오.

대화를 하는 장소	① 핸드폰 가게	
	② 애프터서비스 센터	
핸드폰이 고장 난 이유	① 핸드폰을 떨어뜨려서	
	② 핸드폰을 물에 빠뜨려서	
여자가 발견한 핸드폰의 문제	① 전원이 안 켜짐	
	② 전원이 안 꺼짐	
핸드폰의 고장 난 부분	① 배터리	
	② 전원 연결장치	

|2| 해결방법은 무엇입니까? (　　)

① 전화기를 바꾼다.
② 부품을 바꾼다.
③ 배터리를 바꾼다.

셋째 마당 CD 1 : 41~44

단어

물다	탄산음료	택배	나사를 돌리다	확인하다	계좌번호
예금주	연료	섭취하다	탄수화물	배기가스	

1 각각의 이야기를 듣고 이 이야기에서 말하는 문제와 해결 방법을 쓰십시오.

1
- 문　　제 : ______________________
- 해결방법 : ______________________

2
- 문　　제 : ______________________
- 해결방법 : ______________________

2 대화를 듣고 질문에 답하십시오.

1 무엇에 어떤 문제가 있는지 쓰십시오.

____

2 문제를 해결하는 데 비용이 모두 얼마나 듭니까?

____

3 이 사람이 문제를 해결하는 과정을 쓰십시오.

① 전화로 문제에 대해 말한다.

② 온라인으로 ______________________

③ 택배로 ______________________

④ 직접 ______________________

3 이야기를 듣고 질문에 답하십시오.

1 이 글의 제목으로 적당한 것을 고르십시오. (　　)

① 문제를 풀어 주는 자전거
② 자전거가 있는 세상
③ 출퇴근을 자전거로

2 자전거는 어떤 에너지를 사용합니까? 쓰십시오.

____

3 자전거를 이용한다면 교통문제 해결에 어떤 도움을 줄까요? 세 가지를 쓰십시오.

__________, __________, __________

5

차이가 뭔지 설명해 주세요

학습 목표 물건의 장 · 단점과 차이에 대한 대화와 이야기를 듣고 이해한다.

첫째 마당 CD 1 : 45~52

단어 바퀴　　끌다　　기내 반입　　손상이 가다

1 이야기를 듣고 어떤 가방을 이야기하는지 □에 번호를 쓰십시오.

□ 

□ 

□ 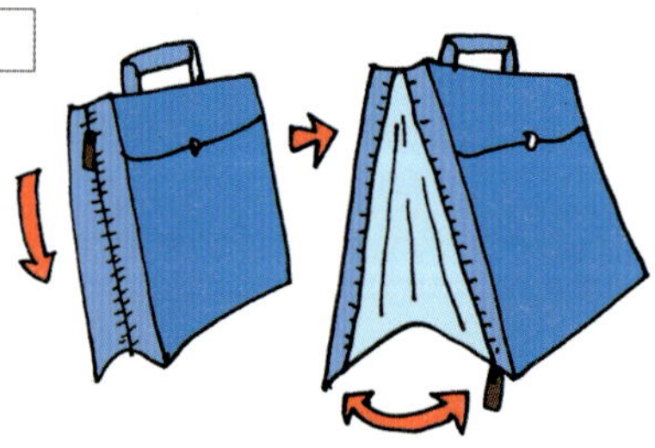

□ 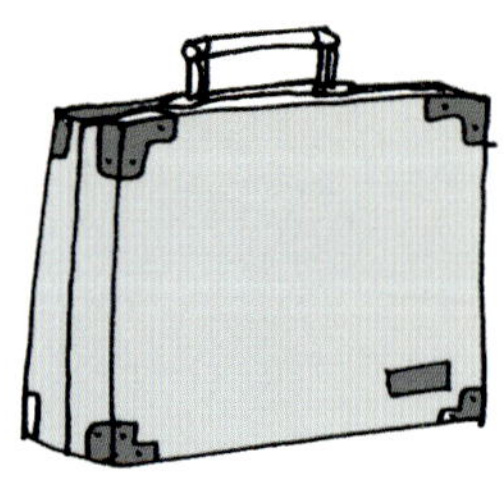

2 이야기를 다시 듣고 각각의 가방이 어떤 장점과 단점이 있는지 쓰십시오.

<table>
<tr><td rowspan="2">1</td><td rowspan="2"></td><td>장점</td><td rowspan="2">2</td><td rowspan="2"></td><td>장점</td></tr>
<tr><td>단점</td><td>단점</td></tr>
<tr><td rowspan="2">3</td><td rowspan="2"></td><td>장점</td><td rowspan="2">4</td><td rowspan="2"></td><td>장점</td></tr>
<tr><td>단점</td><td>단점</td></tr>
</table>

둘째 마당 CD 1 : 53~54

단어

기능성	방수	배출하다	탈부착	묻다	털다
떼다	주식	조리하다	비율	건지다	

1 대화를 듣고 질문에 답하십시오.

1 대화에서 이야기하는 까만 파카와 파란 파카의 디자인을 고르십시오.

(1) 까만 파카 : ____________ (2) 파란 파카 : ____________

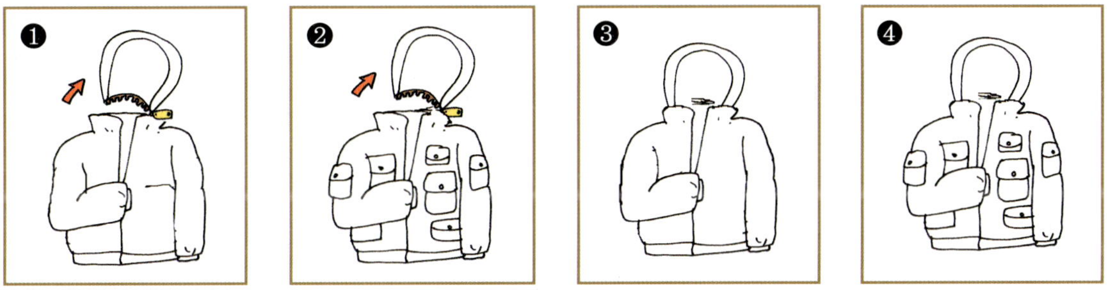

2 두 파카의 기능을 고르고 가격을 쓰십시오.

	(1) 까만 파카	(2) 파란 파카
방수 기능	있음 · 없음	있음 · 없음
땀 배출 기능	있음 · 없음	있음 · 없음
모자 탈부착	가능 · 불가능	가능 · 불가능
가격	22만원	

2 이야기를 듣고 질문에 답하십시오.

1 이 이야기의 핵심 내용은 무엇입니까? (   )

① 쌀을 조리하는 방법에 따라 밥맛이 다르다.
② 쌀을 주식으로 하는 사람은 전 세계 인구의 35%이다.
③ 밀을 주식으로 하면서 쌀도 먹는 사람은 전 세계 인구의 반 이상이다.

2 한국과 이탈리아의 밥을 짓는 순서를 보기에서 골라 쓰십시오.

보기

㉮ 쌀과 물을 적당하게 섞어 끓입니다.
㉯ 완전히 익힌 후 쌀을 건집니다.
㉰ 불을 조절합니다.
㉱ 물이 없어질 때까지 완전히 익힙니다.
㉲ 쌀을 많은 양의 물과 함께 끓입니다.

(1) 한국 (㉮) → (   ) → (   )
(2) 이탈리아 (㉲) → (   )

셋째 마당 CD 1 : 55~56

단어					
꼬리를 흔들다	경계하다	기준	판단하다	대기업	조립식
성능	안정적이다	대처하다	난감해지다	초보	

1 이야기를 듣고 질문에 답하십시오.

|1| 개와 고양이의 꼬리를 흔드는 행동이 의미하는 것을 쓰십시오.

개가 꼬리를 흔드는 것 :

고양이가 꼬리를 흔드는 것 :

|2| 개와 고양이의 사이가 나쁜 이유는 무엇입니까?

____

|3| 이 이야기는 무엇에 대해 이야기하고자 합니까? (　　)

① 개와 고양이의 특징

② 행동과 오해의 관계

③ 인간 관계에서 오해를 줄이는 방법

|4| 개와 고양이가 싸우게 될 경우 보통 누가 먼저 공격을 받을까요?

____

2 대화를 듣고 질문에 답하십시오.

|1| 대기업 컴퓨터와 조립식 컴퓨터의 가장 큰 차이는 무엇입니까? (　　)

① 조립　　② 애프터서비스　　③ 성능

|2| 컴퓨터에 문제가 생겼을 경우 어떻게 해결할 수 있습니까?

(1) 대기업 컴퓨터 :

(2) 조립식 컴퓨터 :

|3| 대기업 컴퓨터가 더 안정적이라고 말할 수 있는 이유는 무엇입니까?

____

|4| 대기업 컴퓨터와 조립식 컴퓨터의 가격은 얼마나 차이가 납니까?

____

|5| 컴퓨터를 구매할 때 어떤 컴퓨터를 구매하는 것이 좋을까요?

컴퓨터에 대해 잘 아는 사람 :

컴퓨터에 대해 잘 모르는 사람 :

6

고민을 무척 많이 했습니다

학습 목표 고민에 대한 대화와 이야기를 듣고 주요 내용을 파악한다.

첫째 마당 CD 1 : 57~60

단어 불경기 구직자 손해 -위 특별전형

여러분은 어떤 고민이 있습니까?

대화를 듣고 누가 무엇에 대해 고민하는지 √ 표 하십시오.

	누가	무엇에 대해
1	□ 초등학생 □ 중 · 고등학생	□ 성적 □ 외모
2	□ 40대 직장인 □ 40대 구직자	□ 취직 □ 미래
3	□ 가게 직원 □ 가게 주인	□ 불경기 □ 사업
4	□ 고등학교 운동선수 □ 대학교 운동선수	□ 진학 문제 □ 대회 우승

둘째 마당 CD 1 : 61~62

단어 애매하다 과장급 차량 유지비 시간을 뿌리다 독립하다 만만치않다

1 대화를 듣고 질문에 답하십시오.

1 이 남자가 출근하는 지도를 완성하십시오.

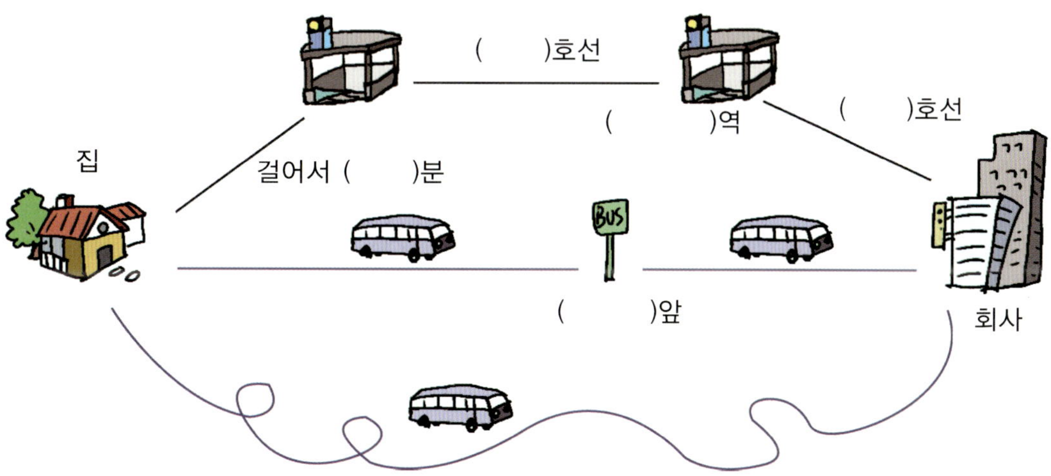

2 다시 듣고 다음 표를 완성하십시오.

	장점	단점
지하철	(1) • 역이 회사에서 가깝다	(2) • 갈아탈 때 꽤 걷는다
갈아 타는 버스	(3)	• 자주 안 온다.
한 번에 오는 버스	• 안 갈아타니까 편하다	(4)

2 이어지는 대화를 듣고 질문에 답하십시오.

| 1 | 맞으면 ○, 틀리면 ×표 하십시오.

(1) 자동차로 출퇴근해도 일찍 출발해야 한다. ( )

(2) 회사 주차장이 좁아서 매달 10만 원의 주차요금을 받는다. ( )

(3) 이 남자는 결혼을 하지 않았다. ( )

(4) 이 남자는 회사에 출퇴근하는 데 날마다 세 시간 정도를 사용한다. ( )

(5) 회사 근처로 이사하는 데는 돈이 많이 들지 않는다. ( )

(6) 요즘은 취직이 잘 되지 않는다. ( )

| 2 | 여자의 충고와 그 충고에 대해 남자가 제시하는 문제점을 정리하십시오.

여자의 충고	그 충고에 대해 제시한 문제점
차를 사서 직접 운전한다.	• 길이 막힌다. (1)
독립한다.	(2)
집근처 회사로 옮긴다.	(3)

셋째 마당 CD 1 : 63~65

단어

간판	엄청나다	부서	어김없이	탈모	발모제
두피	두드리다	책임자	정리해고	형편	재취업

1 이야기를 듣고 질문에 답하십시오.

|1| 이 식당의 간판, 메뉴, 가격을 완성하십시오.

|2| 이 사람이 날마다 겪는 어려움 두 가지를 고르십시오. (　　,　　)

① 뭘 먹을 지 고민이다.
② 같이 식사하는 동료들과 의견일치가 안 된다.
③ 동료 중에 입맛이 까다로운 사람이 있다.

|3| 이 사람의 두 가지 고민을 새 식당이 어떻게 해결해 주었습니까?

____

2 이야기를 듣고 질문에 답하십시오.

|1| 이야기의 제목으로 적당한 것을 고르십시오. ( )

① 탈모의 원인
② 탈모를 예방하는 세 가지 습관
③ 두피 마사지 법

|2| 들은 내용과 다른 것을 고르십시오. ( )

① 스트레스와 환경오염 때문에 탈모로 고민하는 사람들이 늘고 있다.
② 하루에 머리카락이 80~100개 쯤 빠진다면 탈모로 봐야 한다.
③ 머리를 자주 감으면 머리가 더 빠진다.

3 이야기를 듣고 질문에 답하십시오.

|1| 이 사람에게 가장 힘들었던 일이란 무엇입니까? ( )

① 어느 날 갑자기 일자리를 잃은 일
② 15%의 직원을 그만 두게 한 일
③ 해고할 기준을 정한 일

|2| 이 사람은 해고된 사람을 위해서 어떤 일을 했습니까? ( )

① 해고 기준을 정했다.
② 재취업 가능한 사람을 해고했다.
③ 해고된 사람의 재취업을 도왔다.

|3| 이 사람은 다음 중 어떤 사람을 해고하지 않을까요? ( )

① 직장을 옮긴 경험이 없는 50대 직원
② 영어와 일어를 잘 하는 직원
③ 회사를 3번째 옮긴 직원

7

노후 설계를 하셨습니까?

학습 목표 계획에 대한 긴 대화와 토론을 듣고 이해한다.

첫째 마당 CD 1 : 66~67

단어 자격증 어휘력 합치다 죽

결혼을 앞 둔 여자가 친구와 이야기 합니다.

1 대화를 듣고 맞는 것에 √표 하십시오.

1) ① 여자는 일본어를 한국어로 번역하는 일을 할 것이다. ☐
② 여자는 한국어를 일본어로 번역하는 일을 할 것이다. ☐

2) ① 여자는 결혼식 때문에 시험을 미루었다. ☐
② 여자는 시험 때문에 결혼식을 미루었다. ☐

3) ① 여자는 한국에서 취직할 계획이다. ☐
② 여자는 일본에서 취직할 계획이다. ☐

2 이어지는 대화를 듣고 내용과 같으면 ○, 틀리면 ×표 하십시오.

(1) 여자는 결혼식을 한국에서 하고 일본에서 한 번 더 할 것이다. ( )

(2) 여자의 가족은 결혼식에 아무도 못 온다. ( )

(3) 여자는 결혼 후에 일본에 2주일 간 있을 것이다. ( )

(4) 여자는 한국에서 결혼하기 때문에 섭섭해한다. ( )

둘째 마당 CD 1 : 68~69

단어 | 저소득층 | 도우미 | 개선 | 도배 | 페인트칠 | 동아리 | 후원단체 | 참가 기준

두 사람이 방학계획에 대해 이야기 합니다.

1 대화를 듣고 질문에 답하십시오.

| 1 | 여자가 하려는 봉사 활동의 대상은 누구입니까?

____

| 2 | 학습도우미란 무엇입니까? 쓰십시오.

____

| 3 | 생활환경개선이란 무엇입니까? 그리고 그 예를 쓰십시오.

- 생활환경개선 : ______________________________
- 그 예 : __________, __________, __________

2 이어지는 대화를 듣고 질문에 답하십시오.

| 1 | 들은 내용과 같으면 ○, 틀리면 ×표 하십시오.

(1) 여자는 봉사활동이 처음이 아니다. (　)
(2) 여자는 동아리선배를 통해서 이 봉사를 알게 되었다. (　)
(3) 봉사활동에 필요한 돈은 각자 부담해야 한다. (　)
(4) 이 봉사활동에는 누구든지 참가할 수 있다. (　)
(5) 남자는 봉사활동보다 여자친구 사귀는 것에 더 관심이 있는 것 같다. (　)
(6) 여자는 동아리 선배의 여자 친구가 별로라고 생각한다. (　)

| 2 | 이 봉사활동에 참가하려면 무엇을 결정하면 됩니까?

____

셋째 마당 CD 1 : 70~71

단어

평균수명	노후설계	연금보험	가입하다	일정금액	지급되다
부담이 되다	정착하다	관련서적	실천하다	재테크	고려하다

1 여러분은 노후에 대해 생각해 보신 적이 있습니까? 노후 설계에 대한 토론을 듣겠습니다. 토론에 앞서 시민 인터뷰를 듣고 각각의 사람들이 노후 계획으로 무엇을 준비하고 있는지 연결하십시오.

시민 1 •	• 노후의 취미활동을 준비한다.
시민 2 •	• 보험에 가입한다.
시민 3 •	• 농촌 생활을 준비한다.
시민 4 •	• 돈을 모은다.

2 시민 인터뷰에 이어 세 사람이 노후 설계에 대한 토론을 하겠습니다. 듣고 질문에 답하십시오.

| 1 | 세 사람이 노후 설계에서 무엇이 중요하다고 이야기하는지 쓰십시오.

	노후 설계에서 중요한 것
토론자 1	
토론자 2	
토론자 3	

| 2 | 각 사람의 이야기를 다시 듣고 그 이야기의 중심내용을 고르십시오.

1) 토론자 1 – (　　)

① 노후 설계는 30세에 시작하면 늦는다.
② 노후 설계에서 가장 중요한 것은 돈을 마련하는 것이다.
③ 돈에 맞추어 노후 설계를 할 필요는 없다.

2) 토론자 2 – (　　)

① 돈만 충분하면 걱정할 것이 없다.
② 노후에 생활에 대한 구체적인 계획은 필요없다.
③ 노후에 무엇을 하면서 살지를 계획하는 것이 필요하다.

3) 토론자 3 – (　　)

① 노후 설계에서 가장 중요한 것은 건강관리이다.
② 건강한 노후와 그렇지 않은 노후는 차이가 있다.
③ 건강을 실천하는 사람과 그렇지 않은 사람은 차이가 난다.

3 시민 인터뷰를 다시 듣고 토론에서 말한 중요한 세 가지 중에서 어떤 것이 들어 있는지 표시하십시오.

	돈	삶	건강
시민 1	○	×	○
시민 2			
시민 3			
시민 4			

8

수납을 하신 후에 방사선과로 가세요

학습 목표 병과 증세, 치료법과 관련된 대화와 이야기를 듣고 이해한다.

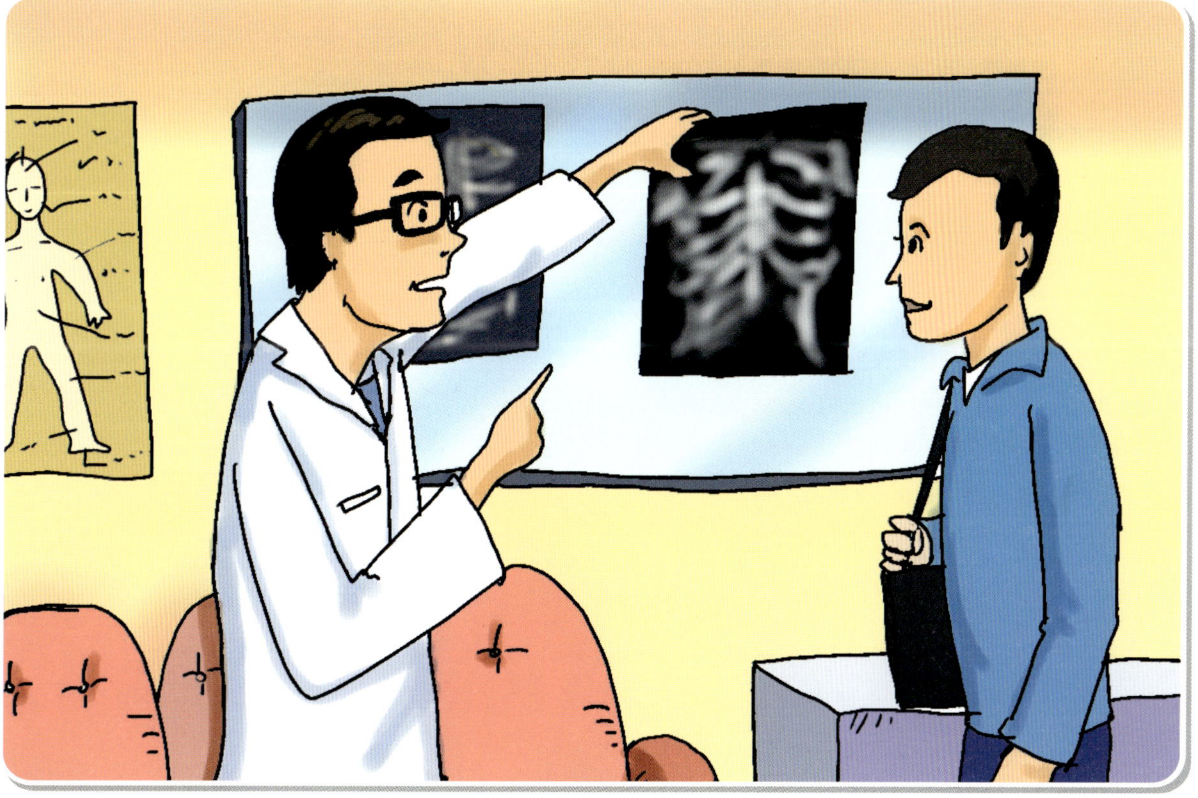

첫째 마당 CD 2 : 1~3

단어 의료보험 건조하다 긁다

한국에서 생활하면서 아픈 적이 있었습니까?

각각의 대화를 듣고 질문에 답하십시오.

1 들은 내용과 다른 것을 고르십시오. ( )

① 남자는 아픈 적이 없어서 병원에 안 갔다.
② 남자는 말이 안 통해서 병원에 가는 것을 힘들어 한다.
③ 남자는 병원비가 많이 나올까 봐 병원에 안 갔다.

2 남자가 감기약을 먹지 않는 이유는 무엇입니까? 쓰십시오.

____

3 1) 피부가 가려울 때는 어떻게 하면 좋습니까? ( )

① 피부를 따뜻하게 해준다.
② 피부를 차게 해준다.
③ 피부가 건조해지지 않도록 해 준다.

2) 피부가 가려워지는 것을 막는 방법이 아닌 것을 고르십시오. ( )

① 음료수 캔을 얼려서 피부에 대 준다.
② 집 온도를 시원하게 유지한다.
③ 로션을 사용한다.

둘째 마당 CD 2 : 4~5

단어					
고혈압	침묵	살인자	어지럼증	진행되다	뒷골이 당기다
뻣뻣하다	측정하다	정상 체온	유지하다	해열제	미지근하다

1 이야기를 듣고 질문에 답하십시오.

|1| 고혈압을 '침묵의 살인자' 라고 부르는 이유는 무엇입니까? 쓰십시오.

____

|2| 들은 내용과 다른 것을 고르십시오. (   )

① 두통, 어지럼증, 코피 등의 증세는 고혈압 초기에는 나타나지 않는다.
② 뒷골이 당기는 증세는 고혈압의 대표적 증세다.
③ 성인에게 고혈압이 많기 때문에 목이 뻣뻣한 사람의 혈압이 높은 경우가 있다.

2 이야기를 듣고 질문에 답하십시오.

|1| 들은 내용과 다른 것을 고르십시오. (   )

① 정상체온 유지는 중요하다.
② 건강은 체온변화에 달려있다.
③ 땀은 체온 조절 기능을 한다.

|2| 열을 떨어뜨리는 방법이라고 볼 수 없는 것을 고르십시오. (   )

① 해열제를 먹는다.
② 물수건으로 몸을 닦는다.
③ 운동을 해서 땀을 흘린다.

|3| 땀만 흘리게 하는 약이 해열제로 쓰일 수 있는 이유는 무엇입니까? 쓰십시오.

____

셋째 마당 CD 2 : 6~11

단어						
접수증	수납	방사선과	접수창구	척추	휘다	다리를 꼬다
물리 치료	한방병원	침을 맞다	의문이다	발목	삐다	가라앉다

마이클 씨가 종합병원에 갔습니다.

1 대화를 듣고 질문에 답하십시오.

|1| 여기는 어디입니까? 고르십시오. (　　)

❶ 

❷ 

❸ 

|2| 누구하고 누가 대화합니까? 고르십시오. (　　,　　)

① 안내　　② 간호사　　③ 환자　　④ 접수창구 직원

2 이어지는 대화를 듣고 맞으면 ○, 틀리면 ×표 하십시오.

(1) 여기는 병원의 안내하는 곳이다. (　　)

(2) 마이클 씨는 간호사와 이야기하고 있다. (　　)

(3) 마이클 씨는 이 병원에 전에 온 적이 없다. (　　)

(4) 마이클 씨는 의료보험에 가입하지 않았다. (　　)

(5) 마이클 씨는 19,800원을 냈다. (　　)

(6) 마이클 씨는 12분 동안 방 앞에서 기다리면 된다. (　　)

3 이어지는 대화를 듣고 질문에 답하십시오.

|1| 누구하고 누가 대화합니까? (,   )

① 안내 ② 간호사 ③ 환자 ④ 의사

|2| 다음은 마이클 씨에게 한 질문입니다. 질문에 답을 쓰십시오.

(1) 어디가 아픕니까? : ____________________

(2) 언제부터 아프기 시작했습니까? : ____________________

(3) 특별히 무리한 일은 없었습니까? : ____________________

4 이어지는 대화를 듣고 질문에 답하십시오.

|1| 마이클 씨는 지금 어디로 이동해야 합니까? 보기에서 고르십시오.

|보기| ① 방사선과 ② 식당 ③ 진찰실 ④ 접수창구

진찰실→ (   ) → (   ) → (   ) → (   )

|2| 마이클 씨는 왜 2시에 와야 합니까? 쓰십시오.

____

5 이어지는 대화를 듣고 질문에 답하십시오.

|1| 마이클 씨의 허리는 어떻습니까?

____

|2| 마이클 씨와 같은 증세가 생기는 원인은 무엇입니까? 두 가지를 쓰십시오.

① ____________________

② ____________________

3 마이클 씨가 받을 치료는 무엇입니까? 두 가지를 고르십시오. (,   )

① 약을 먹는다.　　② 물리치료를 받는다.　　③ 주사를 맞는다.

4 마이클 씨가 자기의 허리가 많이 안좋다고 생각한 이유는 무엇입니까? (   )

① 삼일 후에 다시 오라고 해서
② 허리가 휘었다고 해서
③ 약을 먹으라고 해서

6 이어지는 대화를 듣고 질문에 답하십시오.

1 친구는 마이클 씨에게 무엇을 권합니까? (   )

① 침을 맞아 봐라.　　② 한방병원에 가 봐라.　　③ 물리치료를 받아 봐라.

2 마이클 씨가 친구의 말을 듣고 망설이는 이유는 무엇입니까? 두 가지를 쓰십시오.

① ____

② ____

9

다음은 주간 연예계 소식입니다

학습 목표 다양한 형식의 뉴스를 듣고 주요 내용을 파악한다.

첫째 마당 CD 2 : 12~17

단어				
숨지다	무시하다	자리를 뜨다	해고되다	출연자
원산지	문제를 일으키다	초청하다	협연하다	

1 뉴스를 듣고 헤드라인을 고르십시오.

|1| ① 인터넷 중독자 사망 □
② 인터넷 중독으로 해고 □

|2| ① 믿을 수 없는 식당 소개 프로그램 □
② 원산지 속인 식당주인 벌금 □

|3| ① 서울국제음악제 매년 개최 □
② 클래식과 국악의 아름다운 만남 □

2 다시 듣고 내용과 같으면 ○, 다르면 ×표 하십시오.

|1| (1) 이 남자는 50시간 넘게 게임을 했다. ( )
(2) 이 사람은 친구의 말을 듣고 한 게임만 했다. ( )
(3) 이 사람은 게임중독 때문에 회사를 그만 두게 되었다. ( )

|2| (1) 식당 소개 프로그램에 나오는 식당들은 믿을 만하지 않다. ( )
(2) 문제가 된 식당은 외국산을 국내산으로 속여서 판매했다. ( )
(3) 같은 식당이 같은 프로그램에서 일곱 번이나 소개 되었다. ( )

|3| (1) 이 음악제에서는 국악기로도 연주된다. ( )
(2) 다른 나라의 음악가들이 관객으로 초청된다. ( )
(3) 1993년부터 올해까지는 2년마다 연주회가 열렸다. ( )

둘째 마당 CD 2 : 18~19

단어					
	세상을 떠나다	기리다	기부하다	고유	사망률
	결합하다	튕겨져 나가다	꼬이다	걸쳐 놓다	

1 뉴스를 듣고 질문에 답하십시오.

|1| 이 도서관이 세워지는 데 필요한 비용은 어떻게 마련되었습니까? 쓰십시오.

____

|2| 이 도서관은 주로 누구를 위한 도서관입니까? (　　)

① 회장의 딸　　② 청소년　　③ 학부모

|3| 이 도서관의 특징은 무엇입니까?

____

2 뉴스를 듣고 질문에 답하십시오.

|1| 무엇에 대한 뉴스입니까? (　　)

① 올바른 안전벨트 착용법
② 안전벨트 착용자의 감소
③ 안전벨트의 착용의 의무화

|2| 안전벨트를 안전하게 잘 사용한 것을 고르십시오. (　　)

① '찰칵' 소리가 날 때까지 채웠다.
② 안전벨트를 배에 걸쳐 놓았다.
③ 안전벨트를 꼬인 상태로 맸다.

셋째 마당 CD 2 : 20~22

단어

한지	바르다	습도	흡수하다	스탠드	벽지	침착성	인내심	제기차기
비만	운동량	발등	발뒤축	균형을 이루다	연예계	연예인	빵소니치다	추돌하다

뉴스 앵커가 기자와 함께 진행하는 뉴스입니다.

1 뉴스를 듣고 질문에 답하십시오.

|1| 한지문화제가 열리는 장소와 주제를 쓰십시오.

장소 : ______________ 주제 : ______________

|2| 한지를 통해서 얻을 수 있는 효과를 보기에서 고르십시오.

|보기|
① 침착성과 인내심을 갖게 해 준다. ② 눈의 건강을 지켜준다.
③ 나쁜 냄새를 없애준다. ④ 습도를 조절해 준다.

(1) 아파트 유리문에 한지를 바른 경우 : ______________

(2) 한지 조명기구를 사용한 방 : ______________

(3) 한지로 도배한 학생의 방 : ______________

(4) 한지를 이용해서 인테리어를 한 식당 : ______________

2 아래 그림을 보면서 뉴스를 듣고 질문에 답하십시오.

1 제기차기의 장점이 아닌 것을 고르십시오. (   )

① 한쪽 발로 할 수 있다.
② 어디에서든지 할 수 있다.
③ 전신운동이다.

2 제기차기를 할 때 운동량을 늘릴 수 있는 방법 중 이 뉴스에서 말하지 않은 것을 고르십시오. (   )

① 발 안쪽으로 찬다.   ② 어깨로 받는다.   ③ 발 뒤축으로 찬다.

3 제기차기를 할 때 주의해야 할 점은 무엇입니까? 쓰십시오.

____

3 뉴스를 듣고 질문에 답하십시오.

1 이 뉴스에서 말하는 인기배우가 낸 사고의 상황을 고르십시오. (   )

2 들은 내용과 같으면 ○, 다르면 ×표 하십시오.

(1) 이 인기배우는 음주운전 사고를 내고 뺑소니를 쳤다. (   )
(2) 최근 1년 동안 음주운전 사고가 늘었다. (   )
(3) 이 뉴스에서 말한 연예인 음주운전 사고는 세 건이다. (   )

10 듣기 실력을 점검해 봅시다(Ⅰ)

학습 목표 현재의 듣기 실력을 알아 본다.

• CD 2 : 23~27

| 1~5 | 각각의 대화를 듣고 다음에 이어질 대화 문장을 고르십시오. (4점×5=20점)

1. ( )

① 시험 끝나고 후회하면 뭐해요?
② 성적이 많이 떨어지면 뭐해요?
③ 공부 좀 하면 뭐해요?

2. ( )

① 보상금을 받는다고 해도 죽었는데 무슨 소용이 있겠어요.
② 사고로 죽은 사람에게 보상금을 2억 원씩 지급하면 돼요?
③ 보상금을 2억 원 지급한다면서요?

3. ( )

① 그러고 보니 몸을 꼼짝도 못 하는군요.
② 운동은 운동으로 풀어야 한다던데요.
③ 듣고 보니 나도 운동을 해야겠어요.

4. ( )

① 하루에 몇 과목을 보는데요.
② 이번 시험이 중간 시험인가요?
③ 하루에 네 과목을 모두 본단 말이에요?

5. ( )

① 그래요. 여럿이 하는 게 혼자 하는 것만 못 해요.
② 맞아요. 여럿이 하면 시간 가는 줄 모르고 할 수 있어요.
③ 비록 혼자 하는 게 편해도 참고 같이 하는 게 좋아요.

• CD 2 : 28

| 6 | 대화를 듣고 여자의 물건에 대해 다음 빈 칸을 채우십시오. (2점×3=6점)

구입한 물건	
구입 시기	
발생한 문제	

• CD 2 : 29

| 7 | 이야기를 듣고 맞는 것에 ○표 하십시오. (3점×3=9점)

1) ① 인라인 스케이트를 타고 싶었지만 빌려주는 곳이 없었다. □
   ② 자전거를 탈 계획이었기 때문에 인라인 스케이트를 타지 않았다. □

2) ① 연대 앞에서 버스를 타고 월드컵 공원에 갔다. □
   ② 지하철을 타면 한번에 갈 수 있다. □

3) ① 자전거를 한 시간 동안 타서 다리가 아팠다. □
   ② 오래간만에 자전거를 타서 다리가 아팠다. □

• CD 2 : 30

| 8~9 | 대화를 듣고 질문에 답하십시오.

8. 윗집과 아랫집은 어떤 불만이 있습니까? 각각 보기에서 고르십시오. (5점)

| 보기 |
① 밤에 목욕을 한다.
② 개가 짖는다.
③ 정신이 없다.
④ 물소리 때문에 신경이 쓰인다.
⑤ 잠을 못 잔다.

• 윗집(1008호, 남자네 집) : ______________, ______________

• 아랫집(908호, 여자네 집) : ______________, ______________, ______________

9. 이 대화에 어울리는 속담을 고르십시오. (　　) (4점)

① 쇠 귀에 경 읽기.
② 윗물이 맑아야 아랫물이 맑다.
③ 가는 말이 고와야 오는 말이 곱다.

• CD 2 : 31

| 10~11 | 이야기를 듣고 질문에 답하십시오.

10. 이 이야기의 제목으로 적당한 것을 고르십시오. (　　) (4점)

① 장수차 비결은 차계부
② 차계부와 가계부의 공통점
③ 자동차 고장을 막는 비결

11. 차계부란 무엇입니까? 쓰십시오. (4점)

____

• CD 2 : 32

| 12~14 | 이야기를 듣고 질문에 답하십시오. (3점×3=9점)

12. 이 이야기의 제목으로 적당한 것을 고르십시오. ( )

① 선물을 주는 기쁨
② 선물의 추억
③ 선물의 선택의 기준

13. 이 사람은 선물할 때 어떤 생각을 가지면 된다고 합니까? ( )

① 선물은 비싸고 좋은 것을 해야한다.
② 선물은 받는 사람 마음에 들어야 한다.
③ 내가 받은 만큼 줘야 한다고 생각할 필요는 없다.

14. 이 사람은 무엇을 즐기는 사람입니까? 쓰십시오.

____

• CD 2 : 33

| 15~16 | 대화를 듣고 질문에 답하십시오.

15. 이 남자가 한국식당에서 음식을 먹을 때 어려운 점은 무엇입니까? ( ) (4점)

① 고기를 먹기가 힘들다.
② 고기가 하나도 안 들어있는 음식을 찾기가 어렵다.
③ 한국의 고기와 이 사람 고향의 고기가 다르다.

16. 이 남자가 다음 음식들을 먹지 <u>않는</u> 이유는 무엇입니까? (2점×4=8점)

• 비 빔 밥 : ______________________________
• 칼 국 수 : ______________________________
• 순두부찌개 : ______________________________
• 김 밥 : ______________________________

• CD 2 : 34

| 17 | 들은 내용과 같으면 ○, 다르면 ×표 하십시오. (3점×3=9점)

(1) 하룻강아지는 태어난 지 하루 된 강아지이다. ( )

(2) 옛날에는 동물의 나이를 세는 말과 사람의 나이를 세는 말이 달랐다. ( )

(3) 이 속담은 어리고 약한 사람이 용감하게 행동하는 것을 비유한다. ( )

• CD 2 : 35

| 18~19 | 이야기를 듣고 질문에 답하십시오. (4점×2=8점)

18. 제목으로 적당한 것을 고르십시오. ( )

① 키가 줄어드는 것을 막는 방법

② 40세 이후 10년에 1.3cm 씩 키가 준다.

③ 키와 비타민의 관계

19. 들은 내용과 다른 것을 고르십시오. ( )

① 사람은 나이를 먹으면 청력, 기억력 등이 감소한다.

② 허리 근육을 강화하면 키가 줄어드는 속도를 늦출 수 있다.

③ 칼슘과 비타민D를 섭취하면 키가 큰다.

• CD 2 : 36

| 20~21 | 뉴스를 듣고 질문에 답하십시오.

20. 헤드라인으로 적당한 것을 고르십시오. ( ) (5점)

① 스트레스 때문에 암이 발생한다.

② 암 발생, 스트레스와 관계없다.

③ 스트레스를 받지 않는 사람은 없다.

21. 이 암센터에서는 심한 스트레스를 받는 사람으로 어떤 사람을 골랐습니까? ( ) (4점)

① 암 환자

② 자식이 죽은 부모

③ 부모가 암에 걸린 사람

11

음성 메시지를 확인하십시오

학습 목표 전화와 관련된 대화와 이야기를 듣고 이해한다.

첫째 마당 CD 2 : 37~41

단어 부과되다 택배 경비실

전화를 자주 하십니까? 주로 어떤 일로 전화하십니까?

1 대화를 듣고 다음을 완성하십시오.

1

______ 에게

전화하신 분 ______

☐ 전화왔었습니다

☐ 전화바랍니다

☐ 다시 전화 하시겠답니다

☎ ______

메모

2

______ 에게

전화하신 분 ______

☐ 전화왔었습니다

☐ 전화바랍니다

☐ 다시 전화 하시겠답니다

☎ ______

메모

3

______ 에게

전화하신 분 ______

☐ 전화왔었습니다

☐ 전화바랍니다

☐ 다시 전화 하시겠답니다

☎ ______

메모

2 대화를 듣고 질문에 답하십시오.

1 1) 남자는 김미선 씨에게 왜 전화를 했습니까?

______

2) 김미선 씨는 전화를 받고 뭐라고 했습니까?

______

2 1) 연세대학교의 전화번호는 몇 번입니까?

______

2) 전화를 끊지 않고 1번을 누르면 어떻게 됩니까?

______

둘째 마당 CD 2 : 42~47

단어	태풍	결제하다	처리하다	보고서	조르다

미선 씨는 오늘 휴대폰을 집에 놓고 외출했습니다.
집에 와 보니 음성 메시지가 많이 와 있었습니다.

메시지를 듣고 다음을 완성하십시오.

1

전화하신 분/곳 ___________

용건

2

전화하신 분/곳 ___________

용건

3

전화하신 분/곳 ___________

용건

4

전화하신 분/곳 ___________

용건

5

전화하신 분/곳 ___________

용건

6

전화하신 분/곳 ___________

용건

셋째 마당 CD 2 : 48

단어 필수품 느긋하다 비서 발신

휴대전화에 대한 시민들의 생각을 들어보겠습니다. 듣고 다음을 완성하십시오.

	시민의 생각	이유
시민 1	좋다 / 나쁘다	
시민 2	좋다 / 나쁘다	
시민 3	좋다 / 나쁘다	
시민 4	좋다 / 나쁘다	

12

제 설명이 이해가 되세요?

학습 목표 각종 안내와 설명에 사용되는 단어와 표현을 듣고 이해한다.

첫째 마당 CD 2 : 49~50

단어	#(우물정자)	*(별표)	○ 동그라미	도둑침입

물건을 새로 산 후 사용법을 잘 몰라 곤란했던 적이 있습니까?

1 대화를 듣고 순서에 따라 그림 안의 (　　)에 번호를 쓰십시오.

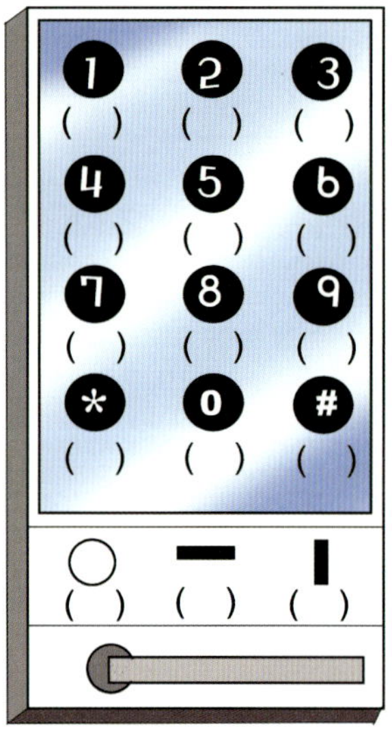

2 대화를 듣고 질문에 답하십시오.

1) 여자는 왜 밖에 있었습니까? (　　)

① 문이 안 열려서　　② 남편을 기다리느라고　　③ 집에 도둑이 들어와서

2) '도둑침입' 이란 소리는 왜 났습니까? (　　)

① 도둑이 들어와서
② 틀린 비밀번호를 눌러서
③ 비밀번호를 누른 후 *표를 안 눌러서

둘째 마당 CD 2 : 51~52

단어 | 상품권 | 구매 | 행사 | 장바구니 | 할인쿠폰 | 유효기간

1 대화를 듣고 질문에 답하십시오.

1) 어디에서 하는 대화입니까?

____

2) 여자는 무엇을 받을 수 있습니까? 그 이유는 무엇입니까?

____

2 대화를 듣고 질문에 답하십시오.

1) 어디에서 하는 대화입니까?

____

2) 쿠폰은 무슨 쿠폰입니까?

____

3) 손님은 쿠폰을 사용했습니까? 그 이유는 무엇입니까?

____

셋째 마당 CD 2 : 53~54

단어 가입신청 변경 장애 납부 해약 혜택 설치

존슨 씨는 인터넷을 설치하려고 합니다.

| 1 | 대화를 듣고 질문에 답하십시오.

1) 다음 표를 완성하십시오.

내용	번호
고장신고	
요금문의	
서비스 해약	

2) 인터넷에 가입신청하려면 어떻게 해야 합니까? 눌러야 하는 번호를 순서대로 쓰십시오.

(　　) ——→ (　　)

3) 외국인이 가입할 때 무엇이 필요합니까?

____

| 2 | 이어지는 대화를 듣고 질문에 답하십시오.

1) 신청하고 언제부터 쓸 수 있습니까?

____

2) 약정이란 무엇입니까?

____

3) 중간에 약정을 취소할 수 있습니까? 취소할 경우 어떻게 됩니까?

____

13

이 귀여운 아이가 바로 접니다

학습 목표 외모를 묘사하는 대화와 이야기를 듣고 이해한다.

첫째 마당 CD 2 : 55~57

단어 | 질리다 | 다듬다 | 층을 내다 | 진작에 | 실연당하다 | 삐치다

미용실에서 원하는 머리모양을 어떻게 설명하십니까?

각각의 대화를 듣고 질문에 답하십시오.

1 대화 내용과 같으면 ○, 다르면 ×표 하십시오.

(1) 머리가 긴 것 같아 자르려고 왔다. ( )
(2) 손님은 좀 까다로운 편이다. ( )
(3) 가벼워 보이도록 머리를 짧게 자를 것이다. ( )

2 1) 여자는 미용실에서 무엇을 했습니까? ( )

① 염색 ② 파마 ③ 커트

2) 머리를 한 후에 어떻게 달라졌습니까? 맞는것에 모두 √ 표 하십시오.

- ☐ 어려 보인다.
- ☐ 부드러워 보인다.
- ☐ 밝아 보인다.
- ☐ 너무 아이처럼 보인다.
- ☐ 세련되어 보인다.
- ☐ 원래 모습과 차이가 없다.

3) 여자는 몇 살인 것 같습니까? ( )

① 10대 후반 ② 20대 초반 ③ 30대 초반

3 1) 이 사람은 머리를 어떻게 했습니까? ( )

① 짧게 했다 ② 삐치게 했다 ③ 손질했다

2) 왜 머리를 그렇게 했습니까? ( )

① 실연을 당해서 ② 머리손질이 귀찮아서 ③ 그냥

3) 머리를 한 후 손질하기가 어떻습니까? ( )

① 간편해졌다 ② 어려워졌다 ③ 똑같다

둘째 마당 CD 2 : 58~59

단어

갸름하다	동그랗다	각이 지다	역삼각형	생머리	곱슬머리
대머리	단발머리	머리를 묶다	가르마를 타다	숱이 많다	

이 사진은 5년 전 고등학교 때 반친구들과 찍은 사진입니다.

1 사진 설명을 듣고 누가 누군지 맞춰 보십시오. 이름 옆에 번호를 쓰십시오.

지현	☐
정하	☐
나	☐
담임선생님	☐
체육선생님	☐
미영	☐

2 다시 듣고 질문에 답하십시오.

1 지현이가 머리를 길게 기른 이유는 무엇입니까? (　　)

① 동그란 얼굴에 긴 머리가 어울리니까
② 다른 머리는 어울리지 않아서
③ 한국무용을 전공하려고

2 정하의 고민은 무엇이었습니까? (　　)

① 곱슬머리여서　　② 머리가 커서　　③ 사자같은 외모 때문에

3 나는 머리 모양을 왜 그렇게 했습니까? (　　)

① 단정해 보이려고
② 각진 얼굴을 감추려고
③ 그때 유행이어서

4 그 머리 모양이 효과가 있었습니까?

____

5 담임선생님은 20대 때 어떠셨습니까? (　　)

① 배가 나오고 머리숱이 없었다.
② 배는 안 나왔지만 평범한 외모였다.
③ 영화배우처럼 잘 생겼었다.

6 체육선생님이 학생들에게 인기가 많았던 이유는 무엇입니까? (　　)

① 젊은 총각선생님이어서
② 여학교의 유일한 총각선생님이어서
③ 미남인데다가 만능스포츠맨이어서

7 미영이의 별명은 무엇이었습니까? 왜 그런 별명이 붙었습니까?

____

셋째 마당 CD 2 : 60

단어	빼앗다	체격	날카롭다	용의자

우연히 어떤 사건을 목격한 사람들과 경찰과의 대화입니다.

대화를 듣고 질문에 답하십시오.

1 누구를 목격했습니까? (　　)

① 소매치기　　② 도둑　　③ 치한

2 이 사건이 일어난 곳은 어디입니까? (　　)

① 버스 정류장　　② 지하철 안　　③ 지하철 승강장

3 다음의 용의자 중에서 범인에 가장 가까운 사람은 누구입니까? (　　,　　)

4 위의 그림에 용의자의 옷차림을 그려 넣으십시오.

14 한국말을 배우게 된 동기가 있습니까?

학습 목표 인터뷰에서 많이 쓰이는 단어와 표현을 듣고 이해한다.

첫째 마당 CD 2 : 61~64

단어	자막	동기	은퇴

1 한국말을 배우는 이유는 무엇입니까?

다음의 이유 중 중요한 순서대로 번호를 쓰십시오.

- ☐ 한국 드라마와 영화를 보고 싶어서
- ☐ 한국에서 공부하고 싶어서
- ☐ 외국어를 배우는 것이 재미있어서
- ☐ 해야 하니까
- ☐ 한국 친구가 있어서
- ☐ 새로운 경험을 해보기 위해서
- ☐ 기타 ____________________

2 대화를 듣고 한국어를 배우는 이유에 √ 표 하십시오.

1) ① 한국 드라마를 이해하고 싶어서 ☐
   ② 외국어를 배우는 것이 재미있어서 ☐

2) ① 부모님이 한국사람이어서 ☐
   ② 한국친구가 있어서 ☐

3) ① 장학금을 받고 싶어서 ☐
   ② 한국에서 공부하게 되어서 ☐

4) ① 외국어를 배우는 것이 좋아서 ☐
   ② 새로운 경험을 해 보고 싶어서 ☐

둘째 마당 CD 2 : 65~67

단어 성함 한글학교 웬만큼 거래처 막상 다루다 검토하다

세 사람의 인터뷰입니다.

대화를 듣고 다음 표를 완성하십시오.

|1|

이름 : ____________________

한국말을 공부한 기간 : ____________________

한국말을 배운 장소 : 대학교 □ 학원 □ 한글학교 □ 혼자서 □

기타 ______________________________________

한국말을 배우는 이유 : ____

이전에 한국을 방문한 경험 : 있다 □ 없다 □

가장 어려운 부분 : 말하기 □ 듣기 □ 읽기 □ 쓰기 □

|2|

이름 : ____________________

한국말을 공부한 기간 : ____________________

한국말을 배운 장소 : 대학교 □ 학원 □ 한글학교 □ 혼자서 □

기타 ______________________________________

한국말을 배우는 이유 : ____

이전에 한국을 방문한 경험 : 있다 □ 없다 □

가장 어려운 부분 : 말하기 □ 듣기 □ 읽기 □ 쓰기 □

|3|

이 름 :

연 락 처 :

캠프교사 경험 : 유 □ 무 □

특 기 사 항 : ____

셋째 마당 CD 2 : 68

단어 분야 명문대 부품 임원 적응하다

대화를 듣고 질문에 답하십시오.

1 무슨 인터뷰입니까? (   )

① 입학 ② 입사 ③ 기자회견

2 이 회사는 어떤 회사입니까? (   )

① 대기업 ② 중소기업 ③ 외국기업 지사

3 박민우 씨의 전공은 무엇이었습니까? 그 전공을 선택한 이유는 무엇입니까?

____

4 박민우 씨가 이 회사를 지원한 동기가 <u>아닌</u> 것은 무엇입니까? (   )

① 제일 유명한 회사이기 때문에
② 자신의 능력을 발휘 할 수 있을 것 같아서
③ 이 회사는 사원에게 여러 기회를 주기 때문에

5 박민우 씨의 장점을 모두 고르십시오. (   )

① 사람들과 잘 어울린다.
② 적응을 잘 한다.
③ 리더십이 있다.
④ 일을 빨리 한다.
⑤ 경험이 많다.
⑥ 친구가 많다.
⑦ 영어를 잘 한다.

15

어떻게 하면 듣기를 잘 할 수 있습니까?

학습 목표 듣기를 잘 할 수 있는 방법에 대한 강의와 학교 오리엔테이션을 듣고 이해한다.

첫째 마당 CD 3 : 1

단어 파악하다 전개되다 매달리다 흐름 불가능하다

여러분은 듣기가 왜 어렵다고 생각하십니까?

1 다음의 이유 중 순서대로 번호를 쓰십시오.

- ☐ 단어를 몰라서
- ☐ 단어의 정확한 발음을 몰라서
- ☐ 문법을 몰라서
- ☐ 한국문화를 잘 몰라서
- ☐ 너무 빨리 말해서
- ☐ 긴장되어서
- ☐ 기타 ______________________________

2 강의를 듣고 질문에 답하십시오.

| 1 | 어제 수업 내용은 무엇이었습니까? (　　)

① 한국말을 배우는 이유　　② 한글에 대한 소개
③ 한국말을 가르치는 곳 소개　　④ 한국을 방문한 이유

| 2 | 오늘 수업은 무엇에 대한 내용일까요? (　　)

① 듣고 내용 이해를 잘 할 수 있는 방법
② 들은 내용을 잘 기억하는 방법
③ 받아쓰기를 빨리 할 수 있는 방법

| 3 | 오늘의 수업 내용을 요약하십시오.

1. ______________________을/를 놓치지 마십시오.
2. 이미 놓친 부분에 ______________________
3. 모르는 단어는 ______________________하십시오.
4. ______________________에도 주의해서 들으십시오.
5. 메모는 ______________________하게 하십시오.

둘째 마당 CD 3 : 2~5

단어 문제를 풀다 당분간

듣고 질문에 답하십시오.

1 무엇에 대한 이야기입니까? (　　)

① 2 · 3번 문제에 답을 쓰는 방법 설명
② 2 · 3번 문제의 정답

2 이야기하는 사람들은 누구입니까? (　　)

답	힌트가 된 단어
① 의사 ② 학생 ③ 회사원	

3 '동문서답'의 뜻을 맞게 설명한 것은 무엇입니까? (　　)

답	힌트가 된 단어
① 질문과 관계없는 대답 ② 손짓발짓으로 하는 대화 ③ 동서남북을 알려주는 대답	

4 말하는 사람의 기분이 어떻습니까? (　　)

① 아무 느낌이 없다　② 놀랐다　③ 답답하다

셋째 마당 CD 3 : 6

단어	새내기	편의시설	주저하다	일정

오리엔테이션을 듣고 질문에 답하십시오.

1 누가 누구에게 이야기했습니까?

- 말하는 사람 : ____________________
- 듣는 사람 : ____________________

2 오늘의 일정은 어떻게 됩니까?

시작하는 시간	장소	내용
시		
시		
시		

3 오늘 일정으로 알 수 없는 정보는 무엇입니까? (　　)

① 학교시설 이용 방법　　② 교내 동아리
③ 시험일정　　④ 수강신청 방법

4 필수과목이란 무엇입니까?

____

16

상담 좀 하고 싶은데요

학습 목표 고민을 상담하는 대화와 이야기를 듣고 주요 내용을 파악한다.

첫째 마당 CD 3 : 7

단어 신청하다 편입 문의하다

공부하는 데 어려운 점은 무엇인가요?

대화를 듣고 다음 질문에 답하십시오.

1 상담이 가능한 요일과 시간은 언제입니까?

____

2 상담을 원하는 학생은 어떻게 해야 합니까?

____

3 상담실에서 다루지 않는 문제는 무엇입니까? (　　)

① 언어 교환 소개　　② 학교 공부

③ 다음 학기 등록　　④ 대인관계

둘째 마당 CD 3 : 8~11

단어 적성 막상 새내기 내성적이다 소심하다 낙타 바늘 이력서

네 사람이 상담실에서 자신의 고민을 이야기합니다.

듣고 다음 표를 완성하십시오.

| 1 |

상담실 방문이유 : 학업 ☐ 대인관계 ☐ 진로 ☐ 이성교제 ☐
학교생활 적응문제 ☐ 기타 ____________
구체적 이유 : ____________

| 2 |

상담실 방문이유 : 학업 ☐ 대인관계 ☐ 진로 ☐ 이성교제 ☐
학교생활 적응문제 ☐ 기타 ____________
구체적 이유 : ____________

| 3 |

상담실 방문이유 : 학업 ☐ 대인관계 ☐ 진로 ☐ 이성교제 ☐
학교생활 적응문제 ☐ 기타 ____________
구체적 이유 : ____________

| 4 |

상담실 방문이유 : 학업 ☐ 대인관계 ☐ 진로 ☐ 이성교제 ☐
학교생활 적응문제 ☐ 기타 ____________
구체적 이유 : ____________

셋째 마당 CD 3 : 12~13

단어	일취월장	고비	인내심	꾸준히	공통점	모국어

1 대화를 듣고 다음 표를 완성하십시오.

상담신청서

급 : 초급 ☐ 중급 ☐ 고급 ☐

방문이유 : 학업문제 ☐ 대인관계문제 ☐ 아르바이트 ☐ 언어교환 ☐

기타 ______________________

구체적이유 : ______________________

2 이어지는 대화를 듣고 질문에 답하십시오.

1 들은 내용과 같으면 ○, 다르면 × 표 하십시오.

(1) 초급 단계는 실력이 빨리 는다. ( )

(2) 위와 같은 고민은 혼자만 하는 게 아니다. ( )

(3) 중급 단계에선 실력이 초급 때만큼 빨리 늘지 않는다. ( )

(4) 중급 단계에서 고비를 못 넘기고 포기하는 학생들이 많다. ( )

(5) 실력이 늘지 않는 건 학습방법에 문제가 있기 때문이다. ( )

2 다음 중에서 선생님의 말씀과 같은 것은 어느 것입니까? ( )

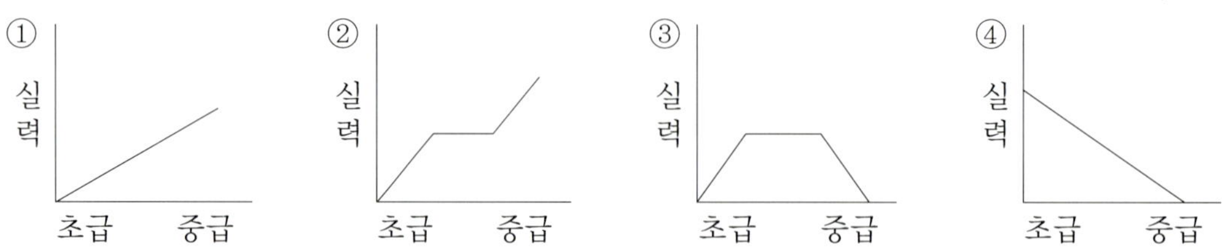

3 외국어를 쉽게 배우는 사람들의 공통점은 무엇입니까?

____

4 이 학생의 고민을 해결하는 방법은 무엇입니까?

____

17

여가시간을 어떻게 보내십니까?

학습 목표 여가활동과 동호회 활동에 대한 대화와 이야기를 듣고 이해한다.

첫째 마당 CD 3 : 14

단어 또래 물려주다 유일하다 빈둥거리다 충전하다 분가하다 사별하다 동호회

여가 시간을 어떻게 보냅니까?

이야기를 듣고 각 사람의 취미를 쓰고 맞는 내용에 √ 표 하십시오.

1	우표수집	① 그 당시 우표수집을 하는 아이가 많았다. (√) ② 아버지한테서 물려받은 우표가 꽤 된다. ( )
2		① PC방에 가는 이유가 집 컴퓨터가 느리기 때문만은 아니다. ( ) ② PC게임에 좀 중독된 것 같다. ( )
3		① 책 읽느라 학교 공부를 안 해서 걱정이다. ( ) ② 아이는 독서에 빠지면 시간가는 줄 모른다. ( )
4		① 아내는 남편이 게으르다고 생각한다. ( ) ② 아내는 남편이 너무 과로한다고 생각한다. ( )
5		① 이 분은 자녀가 있다. ( ) ② 이 분은 남편하고 둘이 살고 있다. ( )
6		① 강바람을 맞으며 달리는 기분은 뭐라 말할 수 없다. ( ) ② 마라톤에서 우승한 적이 있다. ( )
7		① 지치거나 힘들 때 여행을 간다. ( ) ② 여행이 주는 기쁨은 특별하다. ( )

둘째 마당 CD 3 : 15

단어 주목받다 운영하다 틀어 박히다 뒹굴다 당뇨 기록

CEO와의 인터뷰입니다.

대화를 듣고 질문에 답하십시오.

1 이 대화는 어디에서 하는 것입니까? (　　)

① 텔레비전 방송　　② 라디오 방송　　③ 사원 연수 프로그램

2 지난 번 대화의 주제는 무엇이었습니까?

____

3 '방콕' 이란 무엇입니까?

____

4 골프를 시작하게 된 동기는 무엇입니까?

____

셋째 마당 CD 3 : 16

단어

친목도모	지원하다	끼다	친숙하다	미각	미식가	
서민	주식	투자	공유하다	장애인	자원봉사	동참하다

사내 동호회 소개를 듣고 다음을 완성하십시오.

	관심사	목적
동호회 1		
동호회 2		
동호회 3		
동호회 4	×	
동호회 5	×	
동호회 6		

18

음식이 보약입니다

학습 목표 음식과 건강에 대한 대화와 이야기를 듣고 이해한다.

첫째 마당 CD 3 : 17~21

단어 | 유통기한 | 간을 보다 | 데우다 | 말아 먹다 | 수치 | 두드러기

여러분은 어떤 음식을 좋아하십니까?

각각의 대화를 듣고 질문에 답하십시오.

1 1) 우유가 어떻게 되었습니까? (　　)

① 식었다. ② 상했다. ③ 썩었다.

2) 왜 그런 일이 생겼습니까? (　　)

① 냉장고가 고장나서 ② 우유가 오래 되어서 ③ 요구르트가 되어서

2 1) 국이 어떻게 되었습니까? (　　)

① 식었다. ② 쏟아졌다. ③ 뜨겁다.

2) 남자는 국을 어떻게 먹을까요? (　　)

① 천천히 식혀서 ② 데워서 ③ 국에 밥을 넣어서

3 1) 남자의 문제는 무엇입니까? (　　)

① 여드름이 났다. ② 몸이 가렵다. ③ 배탈이 난 것 같다.

2) 원인이 무엇입니까? (　　)

① 스트레스 ② 계절의 변화 ③ 음식

4 1) 환자의 문제는 무엇입니까? (　　)

① 비만이다.　　② 고기를 너무 즐긴다.　　③ 콜레스테롤이 많다.

2) 의사가 말한 방법이 아닌 것은 무엇입니까? (　　)

① 생선을 많이 먹어라.
② 야채를 많이 먹어라.
③ 고기는 절대로 먹지 마라.

5 1) 이 남자는 무엇을 하고 있습니까? (　　)

① 요리　　② 시식　　③ 식료품 구입

2) 이 남자는 다음에 어떻게 할 것 같습니까? (　　)

① 간장을 넣는다.　　② 물을 넣는다.　　③ 국을 버린다.

둘째 마당 CD 3 : 22~24

단어					
다지다	썰다	양념하다	익다	간을 맞추다	발효식품
알칼리	열량	성분	지방	홀수	

1 요리 방송을 듣고 질문에 답하십시오.

|1| 김치찌개에 들어간 재료에 √표 하십시오.

|2| 다시 듣고 그림 밑에 요리순서에 따라 번호를 쓰십시오.

(　　)　(　　)　(　　)　(　　)　(　　)

2 이야기를 듣고 질문에 답하십시오.

|1| 이야기 내용과 같으면 ○, 다르면 ×표 하십시오.

(1) 김치는 한국을 대표하는 음식이다. (　　)
(2) 발효식품인 김치는 비타민이 거의 없다. (　　)
(3) 김치가 다이어트에 좋다. (　　)

|2| '깍두기'가 뜻하는 의미가 아닌 것은 무엇입니까? (　　)

① 김치이름　② 이편 저편에 다 끼어서 놀이에 참가하는 아이
③ 못 생긴 다리　④ 스포츠형 머리

셋째 마당 CD 3 : 25

단어	체질	특성	발달하다	상체	하체	간	폐	역삼각형	위	신장	내성적이다

대화를 듣고 질문에 답하십시오.

1 오늘 방송의 주제는 무엇입니까? (　　)

① 한국 의학의 발달
② 각 체질의 특성과 그 체질에 맞는 음식
③ 체질을 바꾸는 방법

2 오늘 방송의 초대손님은 누구입니까? (　　)

① 한의사　　② 영양사　　③ 교수

3 다음 표를 완성하십시오.

체질	태양인(✓) 태음인( ) 소양인( ) 소음인( )	태양인( ) 태음인( ) 소양인( ) 소음인( )	태양인( ) 태음인( ) 소양인( ) 소음인( )	태양인( ) 태음인( ) 소양인( ) 소음인( )
약한 부분		폐		
성격			솔직하다 명랑하다	
좋은 음식				닭고기, 인삼

19

오늘 뉴스 들으셨습니까?

학습 목표 다양한 뉴스를 듣고 주요 내용을 파악한다.

첫째 마당 CD 3 : 26~27

단어

시샘하다	제외하다	체감온도	일교차	웃돌다
통제	부득이하다	우회하다		

매일 뉴스를 들으십니까?

1 뉴스를 듣고 질문에 답하십시오.

1 이런 뉴스를 뭐라고 합니까? (　　)

① 속보　　② 광고　　③ 일기예보

2 어느 계절입니까?

계절	힌트가 된 단어

3 내일 서울의 기온은 몇 도입니까?

• 최저 : ____________ °C　　• 최고 : ____________ °C

2 뉴스를 듣고 질문에 답하십시오.

1 무엇을 알리는 뉴스입니까? (　　)

① 마라톤 안내　　② 교통통제 안내　　③ 대중교통 안내

2 마라톤 구간에 어떤 안내 표시가 있을까요? 다음을 완성하십시오.

알림	_________ (으)로 인하여 _________ 시부터 _________ 시까지 교통을 _________합니다.

둘째 마당 CD 3 : 28~34

단어

정상회담	논의하다	인명피해	실업자	식중독	감염경로	범죄	전담하다
수사하다	턱없이	불과하다	사내커플	지장	당당하다	드러내다	

1 뉴스를 듣고 맞는 번호에 √ 표 하십시오.

	헤드라인	내용
1	① 양국 16일 정상회담 ② 양국 6일 정상회담	① 양국문제에 대해 논의할 것이다. ② 세계문제에 대해 논의할 것이다.
2	① 식료품점 화재로 5백여만 원 재산피해 ② 식료품점 화재로 인근 점포 모두 불타	① 사람들이 잠든 시간이라 인명피해가 많았다. ② 가게가 문을 열지 않아 인명피해가 없었다.
3	① 청년 취업자 17년 전 수준으로 ② 청년 취업자 99년 이후 가장 많아	① 실업자는 줄고 있다. ② 실업자는 99년 이래 최고 수준이다.
4	① 직장인 30% 월급의 50% 이상 저축 ② 직장인 50% 월급의 30% 이상 저축	① 여성이 남성에 비해 저축을 많이 한다. ② 남성이 여성에 비해 저축을 많이 한다.
5	① 동문 체육대회 참석한 119명 식중독 ② 식중독으로 동문 체육대회 불참	① 증상은 설사와 복통이었다. ② 증상은 구토와 두통이었다.
6	① 사이버 범죄는 급증, 인력은 크게 부족 ② 사이버 범죄 급증, 전문화	① 사이버 전담 경찰은 모두 관련분야 자격증이 있다. ② 사이버 전담 경찰중 일부는 관련분야 자격증이 없다.

2 뉴스를 듣고 질문에 답하십시오.

| 1 | 알맞은 헤드라인을 고르십시오. (   )

① 직장인들 절반 이상 사내커플 원치 않아
② 직장인들 절반 이상 사내연애 경험 있어

| 2 | 응답이 많은 순서대로 □에 번호를 쓰십시오.

사내 커플이 되고 싶지 않은 이유 :	헤어진 후 회사 생활 곤란해서	□
	업무에 지장을 줘서	□
	주변의 시선 부담스러워서	□

사내 커플이 된다면 :	공개적으로 만나겠다.	□
	가까운 사람에게만 알리겠다.	□
	몰래 만나겠다.	□

셋째 마당 CD 3 : 35~36

단어							
사칭	사기	권유하다	청구하다	미끼	배송	시중가	현혹되다
인적사항	훼손하다	반품요청	복권에 당첨되다	난치병	보태다	오물	

1 뉴스를 듣고 질문에 답하십시오.

1 알맞은 헤드라인을 고르십시오. (   )

① 홈쇼핑 못 믿어
② 홈쇼핑 사칭 사기 조심
③ 개인정보 누출 심각

2 들은 내용과 같으면 ○, 다르면 ×표 하십시오.

(1) 경품당첨과 샘플제공이라는 수법으로 소비자를 속인다. (   )
(2) 배송된 물품을 열어보면 반품 받을 수 없다. (   )
(3) 반품 요청은 물건을 받은 날부터 14일 안에 해야 한다. (   )

2 뉴스를 듣고 질문에 답하십시오.

1 알맞은 헤드라인을 고르십시오. (   )

① 로또에 당첨된 난치병 어린이 치료 가능
② 로또 당첨금 일부 난치병 어린이 치료에 기부
③ 로또 당첨 꿈 따로 있어

2 들은 내용과 같으면 ○, 다르면 ×표 하십시오.

(1) L씨는 어린이 난치병 치료에 당첨금 전액 기부했다. (   )
(2) L씨는 이러한 선행을 주위 사람 아무도 모르게 했다. (   )
(3) L씨는 좋은 꿈을 꾸고 우연히 산 복권이 당첨됐다. (   )

20 듣기 실력을 점검해 봅시다(Ⅱ)

학습 목표 현재의 듣기 실력을 알아본다.

1~2 듣고 질문에 답하십시오. (5점×3=15점)

• CD 3 : 37

1 들은 내용과 같으면 ○표, 다르면 ×표 하십시오.

1) 탭댄스를 신청한 사람이 너무 적어서 강의가 취소되었다. ( )

2) 이미 낸 강습비는 다시 돌려받을 수 있다. ( )

3) 이 사람은 영수증이 없어서 지금 환불받기 어렵다. ( )

• CD 3 : 38

2 1) 무엇에 대해 설명하고 있습니까? ( ) (6점)

① 준비운동　　② 요가　　③ 다이어트 체조

2) 이 운동을 꼭 해야 하는 이유는 무엇입니까? ( ) (7점)

____

3) 선생님의 설명에 따라 맞게 운동을 하고 있는 사람을 모두 고르십시오. ( ) (6점)

① ② ③ ④

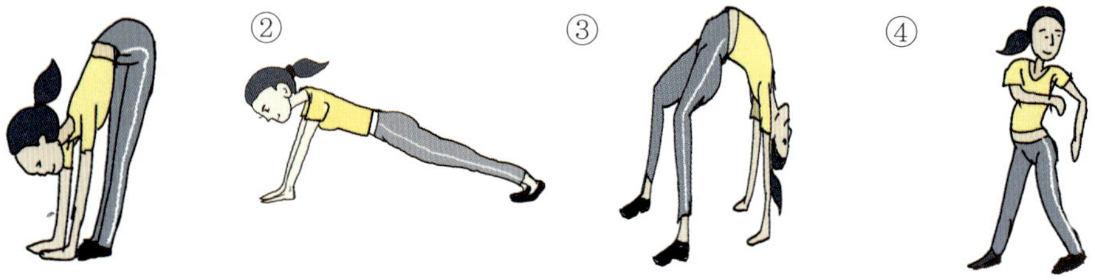

• CD 3 : 39

3 퀴즈 문제를 듣고 질문에 답하십시오. (6점×3=18점)

1) 1번 문제의 정답은 무엇입니까? ( )

① 우리 몸의 일부인 손　　② 손님　　③ 귀신

2) 2번 문제의 정답은 무엇입니까? ( )

① 변덕쟁이　　② 작심삼일　　③ 용두사미

3) 3번 문제의 정답은 무엇입니까? ( )

① 뺄뺄　　② 벌벌　　③ 빙빙

• CD 3 : 40

| 4 | 대화를 듣고 질문에 답하십시오.

1) 남자의 발표 주제는 무엇입니까? (6점)

____

2) 한국 사람에게 많은 혈액형 순으로 쓰십시오. (6점)

____형 → ____형 → ____형 → ____형

3) 각 혈액형에 맞는 특징을 연결하십시오. (5점×4=20점)

A형 •	• 활발하고 원만하지만 덜렁거린다.
B형 •	• 꼼꼼하고 차분하지만 좀 소심하다.
O형 •	• 이성적이나 가끔 알다가도 모를 행동을 잘 한다.
AB형 •	• 자유롭고 매력적이지만 자기 중심적이다.

• CD 3 : 41

| 5 | 이야기를 듣고 질문에 답하십시오.

1) 오늘 방송의 주제는 무엇입니까? (6점)

____

2) 오늘 방송의 초대손님은 누구입니까? (　　) (4점)

① 한의사　　② 의사　　③ 교수

3) 다이어트 방법으로 추천하지 않은 것은 무엇입니까? (　　,　　) (6점)

① 밥은 3숟가락만 먹는다.
② 운동을 한다.
③ 고기는 먹지 않는다.
④ 몸무게는 천천히 줄인다.

듣기지문

1과 실용적인 선물이 좋아요

■ 첫째 마당 (2쪽)

|1| 여자 : 30대 남자분한테 선물을 해야 하는데, 넥타이가 괜찮을까요?

남자 : 넥타이 같은 것이 부피도 크지 않아서 선물하기 적당하지만, 개인적인 취향이 다르기 때문에 오히려 고르기가 더 힘들어요.

|2| 여자1 : 이번에 졸업하는 여대생인데 뭘 선물하면 좋지요?

여자2 : 기초화장품은 누구나 쓰니까 괜찮은데 사람마다 피부가 다르니까 그 사람 피부가 어떤지 알면 더 좋구요.

|3| 남자 : 추석 선물로 문화상품권을 준비할까 하는데 어떻게 생각하세요?

여자 : 젊은 사람의 경우는 문화상품권 같은 것도 괜찮지요. 그걸로 영화도 볼 수 있고, 책도 살 수 있으니까요.

|4| 남자 : 만 원에서 이만 원 정도에 할 만한 선물로 뭐가 있을까요?

여자 : CD도 무난해요. 요즘 젊은 사람들은 MP3를 많이 듣지만 운전을 하시는 분이면 괜찮아요.

■ 둘째 마당 (3쪽)

|1| 저는 케이크 때문에 울었던 기억이 있어요. 제 일곱 번째 생일날, 아버지께서 퇴근이 늦어지는 바람에 생일 케이크가 다 팔리고 없어서 그냥 스펀지 케이크를 사오신 거예요. 생일 케이크는 보통 '축 생일'이란 글씨와 꽃 같은 것으로 예쁘게 꾸며져 있잖아요. 꽃도 없고 글씨도 없다고 하면서 막 울었던 기억이 나요. 지금도 그 사진을 보면 웃음이 나와요.

|2| 저도 어렸을 때 비슷한 일이 있었어요. 부모님은 '필요한 선물'을 좋아하시고, 아이들은 '신나는 선물'을 좋아하잖아요. 제가 여섯 살인가 일곱 살 때 산타할아버지한테 받은 선물이 '자동연필깎기'였어요. 내가 받고 싶었던 게 뭔지는 기억이 안 나는데, 아무튼 연필깎기는 아니었어요. 우리 부모님은 연필깎기가 필요하다고 생각하시고 준비하셨겠지만, 저는 장난감처럼 신나게 가지고 놀 수 있는 선물을 기대했지요. 그래서 저는 막 울었어요. '산타할아버지는 내 맘을 너무 모르셔.' 이렇게 생각했던 것 같아요.

|3| 그런 마음은 아이들뿐만 아니라 어른들도 마찬가지인 것 같아요. 어떤 영화의 한 장면에도 그런 게 나오잖아요. 여자 주인공이 연하의 남자를 사귀는데 그 여자의 집이 굉장히 지저분한 걸 그 남자가 봤어요. 그걸 보고는 그 남자가 청소기를 선물했지요. 최신형이라면서요. 그러니까 그 여주인공이 여자에게는 꽃 같은 걸 선물하는 거라고 하면서 화를 냈어요.

|4| 영화이야기를 하니까 생각나네요. 남자 주인공이 알콜중독자로 나오는 영화인데, 아마 보셨을 거예요. 여자 주인공은 남자 주인공에게 예쁜 휴대용 술병을 선물해요. 전 그 장면을 봤을 때 굉장히 놀랐어요. 마치 '선물은 저런 거야'라는 것을 배운 것 같았어요. 술병이 보통 사람들의 눈에는 알콜중독자를 죽이는 물건으로 보이겠지만, 알콜중독자에게는 정말 갖고 싶었던 멋진 선물 아닐까요?

■ 셋째 마당 (5쪽)

1

남자 : 이번 송년모임에서 선물교환한 거 재미있었지요? 재미있는 선물들이 많은 걸 보면 사람들이 생각을 많이 하고 준비했나 봐요.

여자 : 네, 그래요. 저도 저한테 꼭 필요한 걸 뽑았어요. 만 원으로 큰 행복을 얻은 것 같아요.

남자 : 전, 전에 직장 모임에서 같은 걸 한 적이 있었는데, 그때는 오히려 기분이 상했었어요.

여자 : 왜요?

남자 : 저는 거의 한 시간이나 돌아다니면서 선물을 고르고 정성껏 포장도 해서 준비했어요. 그런데, 제가 받은 것은 만 원짜리 전화카드였어요.

여자 : 공중전화카드요?

남자 : 네. 그때는 핸드폰이 지금처럼 보급되지 않은 때여서, 전화 카드를 누구나 쓰긴 했지만 그걸 받았을 때는 성의 없다는 느낌이 들었어요. 한마디로 '이건 너무 한 거 아니야?' 이런 생각 말이에요.
여자 : 그래요? 난 그런 선물 괜찮던데요.

2

남자 : 그래도, 우리가 선물을 받을 때는 기대감이 있잖아요. 뭔가 재미있고 예상하지 못했던 어떤 것이 있을 것 같다는 기대감이요.
여자 : 괜히 마음에 안 드는 거 받고 안 쓰는 것보다 오히려 실용적인 선물이 좋지 않아요?
남자 : 선물로 받은 것은 꼭 사용해야 하나요? 준 사람의 마음이 중요하지 않을까요?
여자 : 그건 그렇죠. 그렇지만 돈 주고 산 물건인데, 안 쓰면 아깝잖아요?
남자 : 그래서 부모님 생신이나 친구 결혼식 같은 때 다들 현금으로 하나 봐요.
여자 : 네, 저도 거의 그래요. 가끔 돈으로 하기 곤란한 경우도 있는데 그럴 때 직접 물어 보면 보통 갖고 싶은 걸 얘기하더라고요. 제 경우에는 대답이 자세하면 자세할수록 편해요. 예를 들면, "책 사줘." 하는 것보다 "누가 쓴 무슨 책 사줘." 이렇게 하는 거요.
남자 : 그렇게 할 수 있다면 편하기는 하겠네요.

2과 어제 취업 설명회에 갔었어요

■ 첫째 마당 (8쪽)

|1| 날씨가 너무 좋았어요. 밤에 잘 때 등이 따가울 정도로 새까맣게 탔지만, 하루종일 신나게 놀았어요.

|2| 숙소가 생각보다 별로던데요. 방도 깨끗하지 않고 웬 모기가 그렇게 많은지 모기에 잔뜩 물렸어요.

|3| 이번 여행은 괜찮았어요. 길이 막힐 줄 알았는데 생각보다 차가 잘 빠져서 금방 도착했어요.

|4| 놀이동산에 갔는데, 사람이 너무 많아서 하나 타는데 한 시간 정도는 기다렸어요. 5분 타려고 한 시간 기다린 셈이지요.

■ 둘째 마당 (9쪽)

1

|1| 여자 : 어제 재미있게 놀았어요?
남자 : 재미있게 놀기는요? 체해 가지고 아무것도 못하고 누워 있었는걸요.
여자 : 그러고 보니 안색이 안 좋으시네요. 지금은 괜찮으세요?
남자 : 아직도 소화가 조금 안 되기는 하는데 이 정도면 참을 만해요.

|2| 여자 : 어, 머리 자르셨죠? 훨씬 젊어 보이시네요.
남자 : 네, 지저분해서 좀 다듬었는데, 금방 알아보시네요.
여자 : 제가 보기보다 예민하거든요.

|3| 여자 : 어제 어디 있었어요? 핸드폰으로 전화했는데 안 받던데요.
남자 : 회의 중이라서 진동으로 해 놓는 바람에 못 들었어요. 나중에 미선 씨 전화번호 찍혀 있는 거 보고 전화한다는 게 깜빡했네요.

2

어제는 고향에서 부모님이 오셔서 공항에 갔다 왔어요. 제가 차를 몰고 갔는데, 늦을까봐 집에서 좀 일찍 출발했고 길도 하나도 안 막혔어요. 그래서 일찍 도착하겠다 싶었는데 잠깐 다른 생각을 하다가 인천공항으로 들어가는 진입로를 놓쳤어요. 차를 다시 돌리는데 시간이 너무 걸려서 결국 공항에 늦었어요. 부모님이 저를 찾으시면서 헤매실까봐 너무 초조했어요. 그런데 다행히, 부모님이 타신 비행기가 한 시간 연착했어요. 비행기가 연착한 게 고마운 적은 처음이었어요.

3

여자 : 어제 본 영화 어땠어요? 사람들의 평가가 반반이던데.
남자 : 전, 괜찮았어요. 처음부터 봤어야 하는데, 앞의 5분

정도는 못 봤어요.
여자 : 왜요?
남자 : 친구하고 약속이 어긋나서 서로 좀 헤매느라고요.
여자 : 그런데, 그 영화의 시작 부분이 굉장히 독특하다고 하던데……. 그리고, 여 주인공의 첫 대사 하는 장면이 명장면 중의 하나고요.
남자 : 그걸 극장에서 직접 봤어야 하는 건데 말이에요.
여자 : 그런 거야 TV 영화 소개 프로에서 자주 보여주고, 또 조금 있으면 비디오로 나올 거 아니에요?
남자 : 그래도, 그런 장면은 극장에서 큰 스크린으로 봐야 실감이 나요.
여자 : 그럼 저하고 다시 한 번 보실래요?
남자 : 그래도 돼요. 전 웬만해서 영화 두 번 안 보는데, 이 영화는 또 봐도 괜찮을 것 같아요.

■ 셋째 마당 (11쪽)

1

어제 학교에서 어떤 회사의 취업 설명회가 있어서 가 봤습니다. 저는 아직 3학년이고 대학원에 갈지 취직을 할지 결정하지 못했기 때문에 그냥 한 번 봐 두는 것이 좋을 것 같아서 갔었습니다. 그런데 강당 앞에 사람이 굉장히 많이 모여 있어서 봤더니 어떤 회사의 입사 원서를 접수받고 있었습니다. 지나가면서 잠깐 들었는데, 준비해 온 원서가 다 나가서 온라인으로 원서 접수를 하라는 말이 들렸습니다. 그런데, 강당 안으로 들어가 보니 모여 있는 사람이 한 백 명쯤 돼 보였고, 그 사람들의 대부분이 안내지만 가지고 다시 나갔습니다. 그 회사가 어떤 회사인지, 그 회사에 가면 어떤 일을 하는지보다는 일자리를 구하는 것이 더 중요한 문제란 것을 알게 되었습니다. 한 마디로 취업이 어렵다는 것을 실감한 셈입니다.

2

여자 : 어제 인터뷰 잘 하셨어요?
남자 : 글쎄요. 묻는 말에 대답하기는 했는데 결과가 어떨지는 기다려 봐야겠지요.
여자 : 인터뷰는 한 명씩 했어요?
남자 : 아니요, 다섯 명씩 들어가서 했어요.
여자 : 실수는 안 하셨어요?
남자 : 지원자들은 모두 이름표 대신 번호표를 하나씩 붙이고 들어갔어요. 저는 42번이었는데, '42번 지원자님' 하고 불렀을 때 저를 불렀다는 생각을 못 하고 가만히 있었어요. 두 번째 불렀을 때야 대답을 했어요.
여자 : 처음 시작부터 당황하셨겠어요. 그런데 왜 이름을 안 부르고 번호로 불러요?
남자 : 인터뷰를 공정하게 하기 위해서라던데요. 이름을 비롯한 모든 정보를 모르는 상태에서 인터뷰를 한대요. 어떤 회사는 아예 커튼 뒤에서 인터뷰를 해서 얼굴도 못 본대요.

3과 이러셔도 되는 거예요?

■ 첫째 마당 (14쪽)

1 ~ 2

|1| 요 앞에 있는 가게에서 일하는 아가씨는 손님이 와도 쳐다보지도 않고 친구랑 계속 핸드폰을 하고 있어요.

|2| 제가 줄 서 있어도 제 앞으로 와서 새치기 해요.

|3| 도서관에서 옆에 있는 사람들이 계속 작은 목소리로 속삭여요.

|4| 옆에 앉은 아저씨는 혼자서 자리를 너무 많이 차지해요.

■ 둘째 마당 (15쪽)

1

여자1 : 여보세요, 여기 602혼데요.
여자2 : 네? 어머, 저희 아이들이 너무 뛰었지요? 죄송해요.
여자1 : 아이들이 다 그렇죠, 뭐. 그런데, 오늘따라 남편이 스트레스를 많이 받아서, 좀 예민해진 것 같아요. 시끄러워서 잠을 잘 못 자겠다고 그러네요.
여자2 : 네, 알겠습니다. 정말 죄송합니다.
여자1 : 네, 고맙습니다. 안녕히 계세요.

2

제가 이 세상에서 제일 싫어하는 것 중의 하나가 '잔소리'입니다. 어머니나 아내한테서 듣게 되는 잔소리의 대부분이 저를 위한 말이라는 것은 압니다. 그런데, 이런 충고를 두 번, 세 번 반복해서 듣다 보면 짜증이 나기 시작합니다. 어떤 일을 하려고 하는 순간, "당신 그거 했어요?"라고 물으면 갑자기 하기 싫어집니다. "당신 밤에 그런 거 먹으면 살 쪄요."라고 하면 더 먹게 됩니다. 이런 제 성격을 알게 된 아내는 잔소리를 아주 아낍니다. 잔소리를 하면 제가 절대로 안 한다는 것을 알기 때문입니다. 그래서 아내는 저에게 잔소리를 하지 않고 문자 메시지를 보냅니다. 집에 같이 있을 때도 말입니다. 물론, 잔소리가 아닌 대화는 마음껏 하면서 지냅니다.

3

외국인이기 때문에 겪는 불편은 여러 가지가 있습니다. 물론 그것은 어느 나라에서나 마찬가지일 것입니다. 제가 한국에서 경험한 것 중의 하나를 이야기하겠습니다. 여러분도 아시다시피 요즘은 인터넷이나, TV홈쇼핑으로 물건을 많이 구매하죠? 그런데 외국인은 이런 홈쇼핑을 이용하기가 어렵습니다. 주민등록증이 없으면 회원 가입이 안 됩니다. 전화를 해서 다른 방법을 찾을 수도 있겠지만, 그렇게까지 하기에는 너무 복잡할 것 같습니다.
여기서 이해가 안 되는 부분은 어차피 돈을 입금해야 물건을 보내주는데, 한국인, 외국인이 무슨 문제냐는 것입니다. 오히려 사는 사람 입장에서 돈을 먼저 입금했는데, 물건을 못 받는 것이 더 걱정되는 것 아닐까요?

■ 셋째 마당 (17쪽)

여 자 : 아저씨, 어디 계셨어요? 빨리 좀 오세요. 저기 저 회색 차가 제 차를 막아 놓았는데, 사이드 브레이크도 채워져 있고, 전화번호도 없어요.
남자1 : 그래요? 차 번호가 어떻게 돼요?
여 자 : 6329예요.
남자1 : 6329라…… 아, 여기 있네요. 805호 찬데요.
여 자 : 빨리 좀 연락해서 빼 달라고 해 주세요. 저 늦었어요.
남자1 : 네, 제가 인터폰을 할 게요. 여보세요? 거기 805호죠? 여기 경비실인데요. 6329 차 좀 빼 주셔야겠어요. 여기 이 분이 급하시대니까 빨리 나오세요.
여 자 : 아저씨, 빨리 좀 빼 주세요. 그리고, 이렇게 주차를 하실 거면 사이드 브레이크를 풀어 놓든가 아니면 연락처를 적어 놓든가 하셔야죠.
남자2 : 여기가 좀 언덕이라 사이드 브레이크 풀어 놓으면 위험해요.
여 자 : 그러면 연락처를 적어 놓으셨어야지요.
남자2 : 핸드폰 번호를 아무데나 적어 놓는 것만큼 위험한 것도 없어요. 누가 내 핸드폰 번호를 나쁜 일에 이용하면 아줌마가 책임질 거예요?
여 자 : 아저씨, 무슨 핑계가 그렇게 많아요? 그리고, 바쁜 출근 시간에 이렇게 사람 늦게 만들어 놓고 미안하다는 말 한마디 없어요?
남자2 : 그러는 아줌마는 왜 아침부터 언성을 높이는 거요? 내가 여기 대고 싶어서 댔겠어요? 아파트를 두 번이나 뺑뺑 돌았는데도 세울 데가 없으니까 할 수 없이 여기다 댔죠.
여 자 : 뭐예요? 말싸움 할 시간 없으니까 빨리 차나 빼 주세요. 저 늦었어요.

4과 해결 방법이 있을 거예요

■ 첫째 마당 (20쪽)

|1| 돌아가기는 하는데, 탈수가 안 돼요. 물이 그대로 있어서 손으로 짜야 돼요.

|2| 속도도 많이 느려졌고요, 중간 중간에 자꾸 다운이 돼요.

|3| 시동이 한 번에 안 걸려요. 날씨가 추운 날은 대 여섯 번쯤 해야 겨우 걸리고요.

|4| 이거 어제 드라이클리닝 한 건데 여기 얼룩이 남아 있어요.

■ 둘째 마당 (21쪽)

1

학 생 : 아주머니, 변기가 막혔나 봐요.

아주머니 : 왜요? 물이 잘 안 내려가요. 그럼, 물을 내릴 때 좀 한참 눌러 봐요.

학 생 : 그래도 안 돼요. 어제는 물을 내렸더니, 물이 밖으로 넘치기까지 했어요

아주머니 : 그래? 그럼 막힌 거네. 오늘 아저씨를 불러서 뚫을 게요.

학 생 : 네, 오늘 꼭 좀 해 주세요.

2

손님 : 아저씨 안경이 좀 비뚤어졌는데요.

주인 : 네, 이리 주십시오. 근데 손님, 안경 벗으실 때, 한 손으로 하시죠?

손님 : 네, 어떻게 아셨어요?

주인 : 한 손으로 벗으시면 안경이 벌어지고 한쪽으로 기울어져요. 자 한 번 껴 보세요.

손님 : 괜찮은데요. 고맙습니다.

주인 : 쓰시다가 불편하면 언제든지 오십시오.

3

여자 : 어제 핸드폰을 떨어뜨렸는데 안 돼요.

기사 : 전원은 들어오나요?

여자 : 처음에 잠깐 켜졌었는데, 다시 나갔어요.

기사 : 줘 보세요. 이거 시간이 좀 걸리겠는데요. 배터리는 괜찮은데, 전원 연결 장치가 망가져서 부품을 교체해야 해요.

여자 : 수리비는 얼마나 들어요?

기사 : 잠깐만요, 4만8천 원이에요. 어떻게 하실래요?

여자 : 수리비가 꽤 나가네요. 그래도 할 수 없죠, 뭐. 갈아 주세요.

기사 : 두 세 시간 쯤 걸리니까, 맡겨 놓고 내일 찾아가시든가 볼일 보고 이따가 오시든가 하세요.

■ 셋째 마당 (23쪽)

1

|1| 양파를 썰 때 눈물을 흘리게 되시지요? 이럴 때는 눈에는 눈 양파에는 양파입니다. 양파 한 조각을 입에 물고 양파를 썰어 보세요. 눈물이 안 납니다.

|2| 콜라나 사이다 등의 탄산음료에 얼음을 넣어 마시는 것은 흔히 볼 수 있지만, 맥주에 얼음을 넣는 것은 익숙하지 않습니다. 맥주도 탄산음료와 마찬가지로 얼음을 넣어 차게 마셔도 맛에 별 차이가 없습니다. 맥주를 냉장고에 넣는 것을 깜빡 하셨다면 얼음을 넣어 시원한 맥주를 즐겨 보십시오.

2

여 자 : 여보세요? 저기, 선풍기 날개가 깨졌는데, 날개만 바꿀 수 있나요?

상담원 : 네, 가능합니다. 모델명을 말씀해 주세요.

여 자 : 잠깐만요. TS-32인데요.

상담원 : 네, 16인치네요. 날개 값은 오천 원입니다. 직접 오셔서 가져가셔도 되고 택배로 받으실 수도 있습니다. 택배비는 삼천 원이고요.

여 자 : 택배로 부쳐주세요. 근데, 제가 직접 날개를 갈 수 있나요?

상담원 : 네, 나사만 돌려 주시면 돼요. 돈을 입금해 주시면 확인 후에 보내드리겠습니다.

여 자 : 계좌번호 좀 불러 주세요.

상담원 : 한국은행 123-321456-369, 예금주는 한주영입니다.

여 자 : 네, 제가 다시 한 번 부를 게요. 한국은행, 123-321456-369, 한주영.

상담원 : 네, 맞습니다. 받으실 주소 좀 말씀해 주십시오.

여 자 : 서울 서대문구 신촌동 134번지, 김미선입니다.

상담원 : 네, 알겠습니다.

여 자 : 안녕히 계세요.

3

우리가 해결해야 할 문제라면 어떤 것이 있을까요? 저는 에너지 문제, 환경 문제, 교통 문제 이런 것들이 생각납니다. 그런데, 이 세 가지를 모두 해결해 줄 수 있는 물건이 있는데, 그것은 바로 자전거입니다. 우선, 자전거는 석유 같은 연료를 사용하지 않고, 사람이 섭취하는 탄수화물을 사용하는데, 그것도 걷는 것의 1/3이면 됩니다. 즉, 자전거를 이용하면 적은 에너지로 많은 효과를 볼 수 있습니다. 그 다음으로 자전거에서는 배기 가스가 나오지 않으니까 당연히 대기 오염을 염려할 필요가 없습니다. 또, 길이 막힐 걱정도 없고 주차 걱정도 없습니다. 자전거를 위해

길을 넓힐 필요도 없습니다. 제가 걸어 다닐 수 있는 길이라면 자전거는 충분히 지나갈 수 있으니까요.

5과 차이가 뭔지 설명해 주세요

■ 첫째 마당 (26쪽)

1 ~ 2

|1| 이 가방은 배낭인데, 바퀴가 달려 있어서 끌고 다닐 수도 있어요. 그런데, 한 가지 생각하셔야 할 점은 바퀴와 손잡이 무게 때문에 좀 무겁습니다. 가방을 계속 들고 다니시면 일반 가방보다는 무겁게 느끼실 겁니다.

|2| 이 가방은 크기가 꽤 커서 따로 다른 가방을 준비하지 않으시고 이거 하나만 가지고 가셔도 될 겁니다. 그런데, 이건 기내 반입은 안 됩니다.

|3| 플라스틱 가방은 안에 들어 있는 물건에 손상이 덜 가죠. 그렇지만, 가방 내부가 좀 좁아져서 물건이 많이 안 들어갑니다.

|4| 이 가방은 옆에 있는 이 지퍼를 열면 가방이 10cm 정도 커집니다. 그러면 이 앞쪽에도 꽤 많이 넣을 수 있지요. 작아 보이지만 생각보다 물건이 많이 들어가요. 그런데, 이게 유명회사 제품이라서 좀 비싼 편이에요.

■ 둘째 마당 (27쪽)

1

손님 : 이 까만 파카하고 파란 파카는 디자인은 비슷한데, 가격 차이가 왜 이렇게 많이 나요?
점원 : 까만 파카는 기능성 제품이에요.
손님 : 가격 차이가 10만 원이나 날 정도로 기능 차이가 있나요?
점원 : 까만 것은 방수가 되고 땀은 배출시켜 주어서, 스키복으로 입으셔도 괜찮아요. 그리고 파란 파카에 비해 주머니가 많이 달려 있어서 스키를 타거나 하실 때 이것 저것 넣기가 편해요. 그런데 모자는 탈부착이 안 돼요.
남자 : 이 파란 파카는 방수가 안 되나요?
여자 : 방수는 안 되지만 눈이나 물이 묻으면 바로 흡수되지 않으니까 털어 주시면 돼요. 땀 배출 기능은 없고, 모자는 떼실 수 있어요.
남자 : 까만 것은 보통 때 입기엔 너무 스키복 같지요?
여자 : 조금 그런데요, 양복 입고 출근하실 때 아니면 괜찮아요. 평상복으로 입으시기에 둘 다 괜찮아요. 한 번 입어 보세요.

2

지구상에서 쌀을 주식으로 하는 사람은 전세계 인구의 35% 정도입니다. 밀을 주식으로 하면서 쌀도 먹는 인구까지 합하면 56%에 이릅니다. 그런데, 전세계 인구의 반 이상이 먹는 쌀은 종류도 다양하고, 조리해서 먹는 방법에도 차이가 있습니다. 한국이나 일본에서는 쌀과 물을 반반 정도의 비율로 섞어 끓입니다. 처음에는 센 불에서 끓이다가 점점 약한 불로 줄여서 물이 완전히 없어질 때까지 익힙니다. 이탈리아 요리에도 쌀이 사용되는데, 이 때에는 스파게티 국수를 삶을 때 하는 것처럼 많은 양의 물에서 쌀을 익힌 후에 건져서 사용합니다. 이처럼 조리하는 방법이 다르기 때문에 쌀로 만들어진 밥의 맛도 다릅니다.

■ 셋째 마당 (29쪽)

1

서로 사이가 나쁜 동물 하면 으레 개와 고양이를 떠올리게 되는데, 이 두 동물의 사이가 왜 안 좋은지는 두 동물의 행동 표현을 살펴보면 이해하기가 쉬울 겁니다. 개는 기분이 좋을 때 꼬리를 흔들지만 고양이는 상대방을 경계할 때 그렇게 합니다. 고양이가 꼬리를 흔들고 있을 때, 개는 고양이가 기분이 좋은 줄 알고 같이 꼬리를 흔들면서 다가서면 어떻게 될까요?
개와 고양이처럼 상대방의 생각을 자기 기준으로 판단하고 행동한다면, 같은 언어를 사용하는 같은 종류의 인간들 사이에서도 오해가 생길 수밖에 없습니다. 그렇지만 상대방의 기준과 생각을 모두 알 수는 없습니다. 그럼, 어떻게 하면 좋을까요? 나와 상대방이 많이 다르다는 것을 기억하고 행동한다면 오해를 줄일 수 있다고 생각합니다.

2

여자 : 대기업 컴퓨터하고 조립식 컴퓨터하고 뭐가 달라요?
남자 : 가장 큰 차이는 애프터서비스입니다.
여자 : 대기업 컴퓨터가 애프터서비스가 잘 된다는 말씀이지요?
남자 : 잘 되고 안 되고보다는 대기업 컴퓨터는 전화를 하면 보통은 24시간 이내에 방문 서비스를 받을 수 있습니다. 조립식 컴퓨터도 판매한 곳에서 애프터서비스를 받을 수 있는데, 직접 가지고 가야 합니다.
여자 : 그럼, 애프터서비스 말고 성능에는 어떤 차이가 있나요?
남자 : 대기업 컴퓨터나 조립식 컴퓨터나 부품을 조립하는 건 같으니까 성능 차이는 없습니다. 그렇지만, 대기업 컴퓨터는 각각의 부품을 여러 번 조립 실험을 했기 때문에 좀 더 안정적입니다.
여자 : 안정적이라는 게 뭐예요?
남자 : 컴퓨터의 각 부품들이 서로 잘 맞는다는 거지요. 각 부품들이 맞지 않으면 컴퓨터가 아예 돌아가지 않게 됩니다. 컴퓨터에 대해 좀 알고 있다면, 대처할 수 있는 문제인데, 컴퓨터에 대해 잘 모르면 난감해지게 되죠.
여자 : 그러니까, 컴퓨터 초보라면 대기업 컴퓨터가 낫고, 어느 정도 다룰 수 있다면 조립식 컴퓨터도 좋다는 말씀인가요?
남자 : 간단히 말하면 그렇죠. 아무래도 대기업 컴퓨터가 20~30% 정도는 더 비싸니까 처음 구입할 때는 배우는 셈 치고 돈을 좀 쓰고 나중에 교체할 때 조립식 컴퓨터를 사면 되죠.

6과 고민을 무척 많이 했습니다

■ 첫째 마당 (32쪽)

|1| 남자 : 요즘은 키가 작아서 고민하는 청소년들이 많은가 봐요.
여자 : 그래서 키 크는 법이니, 키 크는 체조니 하는 것들이 많이 생기는 것 같아요.

|2| 남자 : 40대가 되니까 이 직장을 계속 다닐 수 있을지, 그만 두게 되면 어떤 일을 할 것인지 이런 것들 때문에 고민하게 됩니다.
여자 : 그렇기 때문에 스트레스도 많이 받는 것 같아요.

|3| 남자 : 요즘 불경기라서 장사가 너무 안 됩니다. 오히려, 손해를 보고 있는데, 가게를 계속해야 할지 문을 닫아야 할지 모르겠습니다.
여자 : 그래도 힘든 때를 좀 넘기면 괜찮지 않을까요?
남자 : 글쎄요, 여름에는 장사가 좀 되는 편이니까 여름까지는 기다려 보려고 합니다.

|4| 남자 : 공부하는 학생들은 성적 때문에 걱정이지만, 저희들처럼 운동을 하는 학생들은 전국 대회에서 4위 안에 들어야 대학에 갈 수 있어요.
여자 : 4위 안에 들지 않은 학생들은 모두 대학에 못 간다는 말이에요?
남자 : 아니요, 시험을 보면 갈 수 있는데, 시험 없이 특별 전형으로 입학하는 거요.

■ 둘째 마당 (33쪽)

1

남자 : 집에서 여기까지 교통이 좀 애매해요.
여자 : 집 근처에 지하철은 있지요?
남자 : 네, 그런데 지하철 역이 집하고 좀 떨어져 있어요. 걸어서 20분 정도 걸리는데, 보통 마을버스를 타요.
여자 : 너무 많이 걷는군요.
남자 : 게다가 우리집이 2호선이니까 을지로 3가역에서 3호선으로 갈아타요. 갈아탈 때도 꽤 걸어야 하니까 힘들어요. 하지만 지하철 역에서 내리면 바로 회사예요.
여자 : 버스는 한 번에 오는 거 없어요? 있으면 편할 텐데요.
남자 : 725번이 한 번에 오는데, 굉장히 돌아서 시간이 너무 많이 걸려요. 그래서 603번을 타고 오다가 시청 앞에서 갈아 타는데, 이 603번이 자주 안 와요.
여자 : 버스하고 지하철하고 어느 것이 더 빠른가요?
남자 : 아무래도 지하철이 더 빠르기는 하지요. 버스는 안

오면 15분, 20분 씩 기다릴 때도 있고, 막힐 때도 있으니까요. 급하지 않을 때에는 버스를 타요. 내린 자리에서 바로 갈아타니까 편해요.

2

여자 : 차를 한 대 사시는 건 어때요?

남자 : 길이 많이 막혀요. 차 가지고 다니는 사람들 말 들어 보면 버스나 지하철 탈 때보다 더 일찍 출발해야겠더라고요.

여자 : 그래도 몸은 덜 피곤할 거 아니에요.

남자 : 그렇긴 한데, 우리 회사에는 주차 공간도 없어요. 과장급 이상만 주차장을 사용할 수 있어서, 그 밑의 직원들은 근처 유료 주차장을 월 10만 원에 이용해요.

여자 : 기름값, 차량 유지비에 주차비까지 하면 돈이 많이 들겠네요.

남자 : 뭘 타든지 왕복 세 시간은 걸려요. 퇴근 시간도 늦는 데다가 길에다 뿌리는 시간도 많아요.

여자 : 그럼 해결 방법을 다른 방향으로 생각해 보는 건 어때요?

남자 : 어떻게요?

여자 : 회사 근처로 이사를 하든가 집과 가까운 회사로 옮기든가 두 가지 중의 하나지요.

남자 : 이사하자면 저 혼자 독립해야 하니까 돈이 만만치 않을 거고, 요즘 같이 취직이 어려울 때 직장 옮기는 것도 쉽지 않아요.

여자 : 말로만 안 될 거라고 생각하지 말고 구체적으로 생각해 보세요.

■ 셋째 마당 (35쪽)

1

하루에 세 번씩 하는 식사. 점심때마다 회사 근처에 30여 개나 되는 식당이 있지만 음식을 고를 때 고민이 됩니다. 늘 '오늘은 뭘 먹지?' 이런 말이 나옵니다. 보통 부서 동료 서너 명과 같이 먹습니다. 우리들 중에 특별히 가리는 음식이 있는 사람도 없는데, 의견 일치가 안 됩니다. "이거 먹으러 갈래?" 하면 꼭 한 명이 "어제 저녁에 그거 먹었는데." 아니면, "오늘은 별로 먹고 싶지 않은데." 이런 식으로 나옵니다. 그러던 어느 날, 회사 지하에 새 식당이 생겼는데, 식당 이름이 '이거 먹어 봐' 입니다. 메뉴는 '주는 대로 먹겠습니다 – 육천 원', '감사히 먹겠습니다 – 팔천 원' 이렇게 두 가지입니다. 이 두 가지에 어떤 음식이 나올지 모릅니다. 그렇기 때문에 무엇을 먹을지 고민하지 않고 그냥 가서 먹습니다. 특별히 먹고 싶은 음식이 없는 날이면 어김없이 그 식당에 갑니다.

2

스트레스와 환경 오염이 심해짐에 따라 머리카락이 빠져서 고민하고 있는 사람들이 많아지고 있습니다. 대개 머리카락은 하루 40~50개 정도 빠지는데, 80~100개 정도가 빠진다면 탈모가 진행되고 있는 것입니다. 평소 모발 건강에 효과적인 식품을 꾸준히 먹다 보면 비싼 발모제를 바르지 않더라도 얼마든지 탈모를 예방할 수 있습니다. 호두, 계란, 검은콩 등이 탈모를 예방할 수 있는 식품입니다. 머리가 더 빠질까봐 머리 감기를 망설이면 안 되고 머리를 감아 깨끗한 두피를 유지하도록 합니다. 끝으로, 하루에 5분씩 세 번 정도 두피 마사지를 해 주면 효과적입니다. 생각날 때마다 손가락 끝부분을 이용해 머리를 가볍게 톡톡 두드리거나 꾹꾹 눌러 주면 됩니다.

3

한 회사의 책임자로 있으면서 크고 작은 고민, 어려움들이 많았지만 무엇보다도 어떤 결정을 내리는 순간이 제일 힘들었습니다. 10여 년 전에 직원의 15%를 정리 해고한 적이 있었습니다. 회사 형편이 안 좋아서 직원을 줄이는 방법 외에는 다른 방법이 없다고 생각했기 때문에 내린 결정이었지만, 마음이 너무나 무거웠습니다. 어느 날 갑자기 일자리를 잃으면 얼마나 당황할까? 이 사람들이 다른 일자리를 구할 수 있을까? 이런 생각을 하면서 직원들 기록 카드를 한 장 한 장 넘길 때 내가 과연 이렇게 해야만 하는지에 대해 고민을 무척 많이 했습니다. 밤을 새우며 아무리 생각을 해 봐도 다른 방법이 없으니 이제 누구를 해고할 것인지를 생각해야 했습니다. 저는 정리 해고의 기준을 해고 후 다른 직장을 구할 가능성이 가장 높은 사람, 즉 재취업 가능성이 높은 사람으로 정했습니다. 그리고 그 사람들을 해고한 후 제가 도울 수 있는 최대한의 방법으로 그 사람들의 재취업을 도왔습니다.

7과 노후 설계를 하셨습니까?

■ 첫째 마당 (38쪽)

1

남자 : 이번에 한국어 능력 시험을 보신다고 하셨죠?

여자 : 네, 번역 일을 좀 할 생각이에요. 번역 자격증 시험도 있다고 해서 그것도 준비하고 있어요. 그래서 결혼도 내년으로 미루었어요. 원래는 이번 가을에 하려고 했거든요.

남자 : 번역 자격증 시험도 한국에서 보나요?

여자 : 한국하고 일본에서 모두 볼 수 있는데, 제 경우에는 한국에서 취직을 할 생각이니까 한국에서 보는 게 더 나아요.

남자 : 번역을 하면 한국어를 일본어로 번역하시는 거지요?

여자 : 그렇죠. 일본어를 한국어로 번역하려면 실력이 부족해서 안 되죠.

남자 : 실력이 부족하다니요? 어떤 때는 저보다 어휘력이 더 좋으신 것 같은데요.

여자 : 아니에요. 저는 한국말을 할 때는 언제나 긴장해요.

2

남자 : 결혼식은 언제 하세요?

여자 : 내년 3월이에요.

남자 : 그럼 졸업하신 후에 하시네요. 결혼식은 어디에서 하세요? 한국에서요, 일본에서요?

여자 : 한국에서 하기로 했어요.

남자 : 그럼 일본에서 가족들이 오시겠네요.

여자 : 저희 부모님하고 남동생만 올 거예요.

남자 : 친척분들이 모두 못 오셔서 섭섭하시겠어요.

여자 : 조금 그럴 것 같아요.

남자 : 신혼여행은 어디로 가세요?

여자 : 동준 씨가 여름 휴가 사흘을 합쳐서 2주일 정도 휴가를 받을 수 있어요. 신혼여행 겸 가족도 만날 겸 일본을 죽 돌려고 해요. 저도 일본 여행을 별로 못 했거든요. 그 때, 결혼식에 못 오신 분들과 간단하게 식사라도 하려고 해요.

■ 둘째 마당 (39쪽)

1

여자 : 나 이번 방학에 봉사활동을 할 생각이야.

남자 : 봉사활동? 무슨 봉사활동?

여자 : 저소득층 가정을 대상으로 하는 봉사야.

남자 : 무슨 일을 하는데?

여자 : 아이들의 학습 도우미와 생활환경을 개선해 주는 거야.

남자 : 학습 도우미라면 과외 선생님 같은 거?

여자 : 공부방 선생님이라고 생각하면 돼. 방학 동안에 아이들이 학교에 안 가잖아? 집에 혼자 있게 되니까, 그 아이들의 공부도 도와 주고 놀아 주고 그러는 거야.

남자 : 생활환경 개선은 어떤 일을 하는 거야?

여자 : 간단히 말해서 집을 좀 깨끗하게 만들어 주는 거라고 생각하면 돼.

남자 : 청소 해 주고 빨래 해 주고 하는 거?

여자 : 그런 것도 괜찮은데, 그런 것보다 도배라든가 페인트칠, 간단한 수리를 해서 생활하기 편하게 만들어 주는 거야.

2

남자 : 너, 그런 봉사 한 적 있어?

여자 : 아니, 없어. 그런데, 동아리 선배가 재작년부터 이 일을 했는데, 너무 좋은 것 같아서. 거기서 여자 친구까지 사귀었어. 후원 단체가 있어서 우리는 몸만 가면 된대. 그리고, 봉사활동을 하는데 필요한 기술도 가르쳐 줘. 난 벌써 도배 기술을 이틀 동안 배웠어. 그리고 내 방을 도배해 봤는데, 꽤 괜찮아.

남자 : 그 봉사활동 아무나 할 수 있어? 참가 기준 같은 거 없어?

여자 : 그런 거 없어. 부모님과 함께 오는 초등학생도 있대.

남자 : 그럼 내가 그 봉사활동을 하려면 어떻게 해야 해?

여자 : 봉사 계획이 모두 잡혀 있으니까, 그 일정 중에서 네가 가능한 요일과 시간을 정해서 하면 돼.

남자 : 쉽네. 그건 그렇고, 너네 동아리 선배가 사귄 여자 친구는 본 적 있어?

여자 : 응, 같이 술자리도 몇 번 가졌어.

남자 : 그 여자 친구 어떠냐? 괜찮냐?

여자 : 그럼. 생각하는 것도 어른스럽고 마음도 아주 따

뜻해.

남자 : 그 봉사활동에 여자가 많이 가냐, 남자가 많이 가냐?

여자 : 그건 나도 몰라. 일에 따라서 조금씩 다른가 봐. 그런데, 너 왠지 봉사활동보다는 다른 데 관심이 있는 것 같다.

남자 : 나의 이번 방학 계획은 여자 친구를 사귀는 거거든.

■ 셋째 마당 (40쪽)

1

사회자 : 평균수명 80세 시대를 지나 20년 내에 100세 시대가 시작될 것으로 예상되고 있습니다. 이처럼 인간의 수명은 늘어나고 있는데, 우리는 100세 인생을 위해 무엇을 준비하고 있는지 점검해야 하겠습니다. 오늘은 노령화 사회를 앞둔 우리가 노후를 어떻게 계획해야 할지에 대해 의견을 나누어 보도록 하겠습니다. 토론에 앞서 노후 설계를 어떻게 하고 있는지를 시민들에게 물었습니다. 먼저 시민들의 이야기를 들어 보겠습니다.

시 민1 : 노후를 위해 연금보험에 가입했습니다. 60세 이후부터 사망시까지 매달 일정 금액의 돈이 지급되는 방식입니다. 그리고 건강보험에도 가입했습니다. 병에 걸렸을 때, 병원비는 큰 부담이 되니까요.

시 민2 : 돈을 모으고 있습니다. 노후를 위해서 현금 3억을 준비해야한다는 신문기사를 보고 열심히 모으고 있는데, 잘 될지 모르겠습니다. 30년 후의 물가가 얼마나 오를지도 모르겠고 제가 3억을 모을 수 있을지도 모르겠습니다.

시 민3 : 저는 정년 퇴직 후에 시골로 내려가서 살려고 합니다. 시골에서 살면 생활비도 적게 들고 농사를 지으면 운동도 되니 일석이조라고 생각합니다. 그래서 지금부터 농촌에서 정착할 수 있도록 관련 서적도 읽고 어느 지역으로 갈지도 생각해 보려고 합니다.

시 민4 : 노년을 위한 돈도 준비해야 하지만 그것보다도 무엇을 하며 지낼지 생각해야 할 것 같습니다. 그래서 저는 진실한 친구 10명과 나이 들어서도 할 수 있는 운동과 취미를 준비하려고 합니다. 친구와 이야기를 나누며, 운동으로 건강을 돌보고, 취미활동을 한다면 노년의 생활도 그렇게 나쁠 것 같지 않습니다.

2

사회자 : 시민들의 이야기를 들어 보니까, 노후를 위해 돈을 준비한다는 의견이 많은 것 같은데, 이에 대해서 좀 이야기를 해 주십시오.

토론자1 : 네, 요즘 은퇴 연령을 보면 55세에서 60세 사이가 대부분입니다. 그럼, 60세에 은퇴를 할 경우 90세까지 산다면 30년 동안의 생활을 계획해야 합니다. 30년이란 긴 시간에서 가장 중요한 부분은 돈입니다. 충분한 돈이 있다면 문제가 없겠지만 돈이 부족하다면 돈을 모으고, 또 그 돈에 맞추어서 계획을 세워야 합니다. 노후 설계는 늦어도 30세부터 시작해야 합니다. 60세 이후 인생을 위한 재테크를 시작해야 한다는 말입니다.

토론자2 : 그러나 이와 못지않게 중요한 것이 은퇴 후의 삶의 계획입니다. 노후를 위하여 돈이 얼마나 있어야 하는지보다 노후에 무엇을 하며 어떻게 살 것인가 계획되어야 합니다. 돈만 충분하면 걱정할 것이 없다고 생각한다면 그것은 노후에 대한 계획을 세우지 않은 것으로 볼 수 있습니다. 하고 싶었던 일을 하며 즐길 수 있는 노후 생활이 되도록 하기 위해서는 미리 계획하고 준비해 두어야 합니다. 구체적이고 실현 가능한 계획을 세우고 연습도 해야 합니다.

토론자3 : 네, 맞습니다. 앞서 시민이 취미생활이니 농촌 생활이니 말씀하신 것이 바로 노후 삶의 계획이라고 볼 수 있을 것입니다. 그런데 이 모든 것이 건강하지 않다면 불가능한 일입니다. 노년에는 건강하기만 해도 행복하다고 말합니다. 건강이 중요하다는 것은 누구나 알고 있지만 생활에서 실천하지 않습니다. 건강한 사람과 그렇지 않은 사람의 차이는 건강을 생활속에서 실천하느냐 안 하느냐 입니다. 따라서 돈을 관리하는 재테크, 삶을 관리하는 생활테크도 중요하지만 건강을 관리하는 건강테크야 말로 가장 중요하다고 할 수 있습니다.

사회자 : 네, 세 분께서 노후 설계에 있어서 가장 중요한 부분에 대해 잘 말씀해 주셨습니다. 이 세 가지를 모두 고려해서 노후 설계를 한다면 준비된 노년

을 맞이할 수 있을 것 같습니다. 이것으로 오늘 토론을 마치겠습니다. 세 분 나와 주셔서 감사합니다.

8과 수납을 하신 후에 방사선과로 가세요

■ 첫째 마당 (44쪽)

|1| 여자 : 한국에서 병원 가신 적 있으세요?
남자 : 아니요, 아픈 적은 여러 번 있었지만, 병원에는 안 갔어요.
여자 : 말이 잘 안 통해서 병원 가기가 힘드시죠?
남자 : 그것도 그렇고, 의료 보험도 없고 해서요.
여자 : 의료 보험이 없으니까 병원비가 부담이 되실 거예요.

|2| 여자 : 감기가 심하신 것 같은데 약이라도 드세요.
남자 : 감기는 약을 먹으면 이주일 동안, 안 먹으면 보름 동안 아프대요.
여자 : 약을 먹으나 안 먹으나 똑같다는 말인가요?
남자 : 감기약은 치료약이라기보다는 감기 때문에 힘든 몸을 좀 편하게 해 주는 약이라고 생각해요. 정말 힘들면 약을 먹지만, 웬만하면 그냥 참아요.

|3| 남자 : 저는 겨울만 되면 피부가 가려워서 힘들어요.
여자 : 피부가 건조해져서 그래요. 가렵다고 해서 긁기 시작하면, 피부에 열이 나서 더 건조해지고, 그러면 더 가려워요. 가려울 때는 피부를 시원하게 해 줘야 해요. 냉동실에 음료수 캔을 넣어 두었다가 가려울 때 그 음료수 캔을 가려운 곳에 대면 좀 괜찮아져요. 그리고, 실내 온도를 높지 않게 유지하고, 로션 등을 발라서 피부가 건조해지지 않게 해야 된대요.

■ 둘째 마당 (45쪽)

1

고혈압은 특별한 증상이 없어 '침묵의 살인자'로 불립니다. 초기에는 증상이나 위험 신호가 거의 없습니다. 두통, 어지럼증, 코피가 잘 멈추지 않는 것과 같은 고혈압의 위험 신호는 고혈압이 심하게 진행된 후에야 나타납니다. 흔히 "뒷골이 당긴다"고 말하며 목이 뻣뻣한 것을 고혈압의 증상이라고 생각하는 경우가 많은데, 목이 뻣뻣한 증상은 고혈압과 거의 관련이 없습니다. 물론 목이 뻣뻣한 사람의 혈압을 측정하면 혈압이 높은 경우가 있는데 이는 원래 고혈압이 성인에게서 흔하기 때문이지 고혈압 때문은 아닙니다.

2

감기에 걸렸든 배가 아프든 어디가 아파서 병원에 가면 반드시 체온을 재는데 이는 정상 체온을 유지하는 것이 중요하기 때문입니다. 그럼 열은 왜 날까요? 여러 원인이 있지만 간단히 말하면 몸에 이상이 있어서 땀을 흘려 스스로 체온을 조절하지 못하기 때문입니다. 그러면 열을 떨어뜨리려면 어떻게 해야 할까요? 해열제를 먹고, 그래도 계속 열이 나면 미지근한 물수건으로 몸을 닦아 줍니다. 또, 땀을 흘리면 체온이 조절되니까 땀을 흘리게 한다면 체온이 떨어지겠지요. 그렇다고, 열이 나는 사람을 운동을 시켜 땀을 흘리게 할 수는 없습니다. 만일, 체온은 올리지 않고 땀만 나게 하는 약이 있다면 해열제로 쓰일 수도 있을 겁니다.

■ 셋째 마당 (46쪽)

1

마이클 : 제가 오늘 이 병원에 처음 왔거든요. 어떻게 하면 되죠?
안 내 : 저기 번호표 보이시죠? 먼저 번호표를 뽑으신 후에 이 접수증을 쓰셔 가지고 접수하세요.
마이클 : 근데, 제가 허리가 아픈데요. 어느 과로 가요?
안 내 : 정형외과로 접수하세요.
마이클 : 어느 선생님이 잘 보시죠?
안 내 : 김기석 선생님이 허리 전문이세요.

2

접 수 : 저희 병원 처음이신가요?
마이클 : 네, 처음이에요.
접 수 : 의료보험증 있으세요?
마이클 : 없는데요.

접 수 : 만구천팔백 원입니다.
마이클 : 여기요.
접 수 : 이거 가지고 12번 방 앞에 가서 기다리세요.
마이클 : 그냥 기다리면 되나요?
접 수 : 네, 기다리시면 이름을 부를 거예요.
마이클 : 많이 기다려야 하나요?
접 수 : 예약 환자가 많아서 한참 기다리셔야 할 거예요.

3

(마이클 씨 12번 진찰실로 들어오십시오.)
의 사 : 어디가 불편하십니까?
마이클 : 허리가 좀 아파서요.
의 사 : 언제부터 그러셨어요?
마이클 : 한 일주일쯤 됐어요.
의 사 : 특별히 무리하시거나 다치거나 한 적은 없으시고요?
마이클 : 요즘 일이 많아서 컴퓨터 작업을 좀 오래 했어요.
의 사 : 이쪽으로 엎드려 보세요. 김 간호사, 환자분 좀 도와 드려요. 제가 누르는 데가 아프시면 말씀하세요.

4

간호사 : 이걸 가지고 가서 수납을 하신 후에 지하 방사선과에 가서 엑스레이를 찍으세요.
마이클 : 엑스레이는 금방 나오나요?
간호사 : 네, 사진은 금방 나오는데 2시부터 오후 진료를 시작하니까, 점심식사 하시고 2시에 오세요.
마이클 : 수납은 아까 접수한 곳에서 하면 되나요?
간호사 : 네, 거기로 가세요.

5

의 사 : 여기 사진을 보세요. 척추가 왼쪽으로 휘었지요?
마이클 : 네, 그러네요. 그런데, 척추가 왜 휘나요?
의 사 : 첫째는 자세 때문입니다. 한쪽 어깨로만 가방을 멘다든지, 한쪽으로만 다리를 꼬고 앉는다든지 하면 허리가 휘게 되지요. 둘째는 운동 부족입니다. 운동 부족으로 허리 근육이 많이 약해져서 척추를 잘 잡아주지 못하게 됩니다. 물리치료를 며칠 받으시고, 약을 이틀만 드세요.
마이클 : 약을 먹어야 할 정도로 상태가 안 좋은가요?
의 사 : 그렇지는 않고요. 지금 많이 아프시니까 약을 드시면 좀 편해지실 겁니다. 주사를 맞으시면 아픈 것이 좀 더 빨리 없어지는데, 그럴 필요는 없을 것 같습니다. 물리 치료는 매일 받으시고, 삼 일 후에 다시 나오세요.

6

마이클 : 허리가 아파서 일주일 정도 물리치료를 받았어. 좀 나아지기는 했는데, 계속 아프네.
친 구 : 한방병원에 가 보는 건 어때?
마이클 : 한방병원에는 한 번도 안 가 봐서. 침 맞으면 효과가 있는지도 의문이고.
친 구 : 한방병원에 간다고 무조건 침을 맞는 건 아니야. 어쨌든 나도 작년에 발목을 삐어서 침을 맞았어. 왜, 발목 삔 것도 오래 가잖아? 근데, 침을 맞으니까 부은 것도 금방 가라앉고 덜 아프던데.
마이클 : 의사 선생님이 물리치료를 계속 해야 한다고 했는데.
친 구 : 한방병원에서도 물리치료를 해.

9과 다음은 주간 연예계 소식입니다

■ 첫째 마당 (50쪽)

1 ~ 2

|1| PC방에서 이틀 동안 50시간 넘도록 인터넷 게임을 하던 20대 남자가 숨졌습니다. 경찰에 따르면 이 씨는 집으로 돌아가자는 친구의 말을 무시한 채 계속해서 딱 한 게임만 더 하겠다며 자리를 뜨지 않은 것으로 전해졌습니다. 이씨는 '게임 중독'으로 회사에 자주 빠져 4년간 다니던 회사에서 지난달 초 해고된 뒤 매일 PC방에 나와 게임을 해왔다고 경찰은 전했습니다.

|2| 맛있는 식당을 소개하는 TV 프로그램들이 출연자에 대한 확실하지 않은 정보를 제공해서 문제가 되고 있습니다. 지난 14일 방송된 식당 소개 프로그램에서 원산지를 속여 판매해 벌금을 낸 적이 있는 식당 주인을 소개해 문제를 일으켰습니다. 그런데 이 식당은 방송 3사의 맛있는 식당을 소개하는 프로그램에 일곱 번이나 나왔습니다.

|3| 서울국제음악제가 클래식과 국악의 만남이라는 주제로 22일부터 29일까지 서울 예술의전당에서 열립니다. 이번 음악제는 예년과 다르게 서울시립관현악단과 국악관현악단이 협연을 하고 세계적 음악인들을 초청해 함께 공연합니다. 1993년부터 2년에 한 번씩 개최했던 음악회를 내년부터는 매년 개최할 예정이라고 합니다. 평일 음악회는 오후 8시부터, 일요일은 오후 3시부터 시작됩니다.

■ 둘째 마당 (51쪽)

1

서대문 역사박물관 근처에 새 도서관이 문을 열었습니다. 이 도서관은 미국 어학연수 중 사고로 세상을 떠난 딸을 기리고자 아버지가 50억 원을 기부함으로 세워졌습니다. 지하 1층, 지상 4층으로 청소년 중심의 정보 제공과 다양한 문화공간으로서의 기능을 하게 됩니다. 특히, 독서실 개념의 공부방을 없애고 도서관 고유의 기능 제공에 중점을 둠으로써 앞으로 이상적인 도서관의 좋은 모델이 될 것입니다.

2

안전벨트가 오히려 위험을 부를 수 있다는 조사 결과가 나왔습니다. 흔히 안전벨트를 매고 있으면 교통사고가 나도 큰 부상을 피할 수 있다고 생각합니다. 물론 안전벨트는 자동차 사고의 사망률을 크게 낮춰 주지만 제대로 쓰지 않으면 작은 사고에도 큰 부상을 당할 수 있습니다. 가장 흔한 것이 벨트를 '찰칵' 소리 날 때까지 완전히 결합하지 않아서 충돌사고 때 튕겨져 나가는 경우입니다. 다음으로는 안전벨트가 꼬여 있는 경우와 안전벨트를 허리가 아닌 배에 걸쳐 놓는 경우입니다. 만약 벨트가 꼬인 상태에서 사고가 나게 되면 안전벨트가 마치 칼과 같은 역할을 하게 되고, 안전벨트를 배에 걸쳐 놓으면 교통사고시 배에 충격을 준다고 합니다.

■ 셋째 마당 (52쪽)

1

앵 커 : 오는 15일부터 5일 동안 강원도 원주에서 개최되는 원주 한지문화제의 주제는 웰빙(Well-Being)입니다. 한지의 사용을 통해 건강도 지키자는 의미인 것 같습니다. 취재 기자를 연결해 보겠습니다. 이상운 기자.

이기자 : 네, 이상운입니다. 요즘 감기 때문에 고생하시는 분 많으시죠? 이럴 때 집안 곳곳에 한지를 바르면 습도가 조절된다고 합니다. 특히 건조한 아파트에서 유리문에 한지를 한 두 장 부치면 거실이나 방안의 습도가 자동적으로 조절된다고 합니다.

앵 커 : 그 곳 한지문화제에서는 어떤 새로운 것들을 소개하고 있습니까?

이기자 : 한지는 전구에서 나오는 빛을 흡수하여 눈의 건강도 지켜줍니다. 또한 한지는 담배 냄새나 음식 냄새를 흡수해서 없애 주기 때문에 식당을 경영하시는 분들이 이용하셔도 좋겠습니다. 여기에는 스탠드를 비롯한 여러 종류의 한지 조명 기구들이 전시, 판매되고 있습니다.

앵 커 : 요즘은 한지를 벽지로도 이용한다고 하던데요?

이기자 : 한지로 벽을 도배할 경우 오랜 시간 공부하는 학생들에게 침착성과 인내심을 갖게 해준다고 합니다. 그래서 학생방이나 어린이방 벽지로 한지의 인기가 높습니다. 한지 벽지도 여러 종류가 있는데, 가격은 일반 벽지와 비슷합니다.

앵 커 : 저도 다음에 도배를 할 때 한지 벽지를 이용해야겠습니다. 수고하셨습니다.

2

앵 커 : 다음은 건강뉴스로 넘어가겠습니다. 의학 전문 조성경 기자와 이야기 나누겠습니다. 우리 전통 놀이인 제기차기가 놀이라기보다 운동으로서의 가치가 있다고 들었습니다.

조기자 : 네, 제기차기는 적은 비용으로 어느 공간에서든 누구나 쉽게 즐길 수 있는 전신 운동입니다.

앵 커 : 그럼 제기차기로 다이어트 효과도 볼 수 있습니까?

조기자 : 의사들은 제기차기가 비만에 효과적이라고 이야기합니다. 그림에서 보시는 것처럼 무릎이나 발뒤축으로 찬다든지, 차 올린 제기를 머리 위나 어깨로 받아 조금 쉬었다가 찬다든지 하면서 운동량을 높일 수 있다고 합니다. 한 가지 주의할 것은 한쪽 발만 사용하지 말고 양쪽 발을 모두 사용해야 양쪽 다리가 균형을 이룬다고 합니다.

앵 커 : 제기는 어디서 구입할 수 있나요?
조기자 : 문방구에 가면 오백 원 정도에 살 수 있고, 집에서 동전을 가지고 손쉽게 만들 수도 있습니다.

3

앵 커 : 다음은 주간 연예계 소식입니다. 김민석 기자와 이야기를 나누겠습니다. 이번 주에 연예계에 안 좋은 소식들이 좀 있었지요?
김기자 : 네, 그렇습니다. 인기 배우의 음주 운전 사고 소식입니다. 차를 몰고 가다가 길가에 세워 둔 승용차와 추돌해서 불이 났습니다.
앵 커 : 인명 피해는 없었나요?
김기자 : 다행히 앞 차에는 사람이 타고 있지 않았습니다.
앵 커 : 최근에 연예인 음주 운전 사고 소식이 많은 걸로 알고 있는데요.
김기자 : 네, 지난 4월과 5월에도 비슷한 사고가 있었고, 지난 달에는 음주 운전 후 뺑소니를 친 사건도 있었습니다.
앵 커 : 연예인 음주 운전 사고가 증가하는 것은 연예인만의 이야기가 아니라 일반인들의 음주 운전도 늘고 있다는 얘기가 될 거라고 생각되는데요.
김기자 : 맞습니다. 최근 1년 동안 음주 운전 사고 건수가 1.4배나 증가했습니다.

10과 듣기 실력을 점검해 봅시다(Ⅰ)

1~2 (56쪽)

1. 여자 : 시험 어땠어? 잘 봤어?
   남자 : 성적이 많이 떨어졌어. 공부 좀 할 걸 그랬어.

2. 남자 : 이번 사고로 죽은 사람들이 많은가 봐요.
   여자 : 사망자에게는 보상금을 2억 원씩 준대요.

3. 여자 : 어머, 몸이 안 좋아 보이는데요.
   남자 : 오랜만에 운동을 했더니 온몸이 아파요. 꼼짝도 못 하겠어요.

4. 여자 : 이번 중간 시험은 언제 보세요?
   남자 : 다음 주 목요일인데, 네 과목을 하루에 다 본대요.

5. 여자 : 다른 사람들과 같이 일을 해 보니까 어떠세요? 마음이 안 맞아서 힘들지 않으셨어요?
   남자 : 아니요, 혼자 하는 것보다 여러 명이 같이 하니까 훨씬 덜 힘든 걸요.

6. 여자 : 이거 지난 주에 산 건데, 세탁을 하니까 여기 상표 있는 데가 노랗게 되었어요.
   남자 : 혹시 뜨거운 물로 빨지 않으셨어요?
   여자 : 누가 청바지를 뜨거운 물로 빨아요? 찬물로 빨았어요.

7 (57쪽)

어제 월드컵 공원에 반 친구들하고 같이 갔어요. 지하철로도 갈 수 있지만 갈아 타야 하니까 연대 앞에서 버스를 타고 갔어요. 한 20분 정도밖에 안 걸렸어요. 자전거를 타러 갔는데, 가 보니까 인라인 스케이트를 타는 사람들이 더 많더라고요. 우리도 인라인 스케이트를 타고 싶었지만 빌려 주는 곳이 없어서 원래 계획대로 자전거를 탔어요. 한 시간 밖에 안 탔는데 오래간만에 타서 그런지 다리가 아팠어요. 지금도 허벅지가 아파서 계단을 잘 못 내려가요. 자전거를 타고 공원을 한 번 돌았는데, 개울도 있고, 놀이터도 있고 해서 가족들과 소풍을 가도 좋을 것 같아요.

8~9

남자 : 여보세요, 908호죠?
여자 : 네, 그런데요.
남자 : 여기 1008호데요.
여자 : 네, 무슨 일이시죠?
남자 : 그 집 개가 하루 종일 짖어서 정신이 없어요. 도대체 아파트에서 개를 키우는 게 말이나 됩니까? 개를 조용히 시키든가 어떻게 좀 해요.
여자 : 개는 우리 집만 키워요? 그 집도 밤에 목욕 좀 하지 말아요. 물소리 때문에 얼마나 신경이 쓰이는 줄 알아요? 한밤중에 무슨 목욕이에요? 잠을 잘 수가 있어야지요?
남자 : 목욕을 하건 말건 그건 우리 사정 아니에요? 어쨌든 우리 아파트에서 개 못 키우게 되어 있으니까, 어떻게든 하세요.

10~11

승용차를 10년 이상 사용하는 사람들의 공통점은 차계부를 쓰는 것이라고 합니다. 차계부란 주부가 가계부를 쓰듯이 차와 관련된 것을 날짜와 함께 기록하는 것입니다. 차계부에는 차를 산 날짜는 물론, 배터리나 타이어 교환 시기, 수리 기록 등 차와 관계된 모든 것을 기록합니다. 이렇게 차계부를 꼼꼼이 쓰면 자동차의 고장을 미리 막을 수 있기 때문에 자연히 자동차를 오래 탈 수 있게 됩니다.

12~14 (58쪽)

선물은 받는 것보다 주는 것이 훨씬 기쁩니다. 이것은 선물을 많이 해 본 사람만이 압니다. 어떤 특별한 날이 아니어도, 내 물건을 사다 보니 그냥 그 사람이 생각 나서 사 주는 선물, 그런 선물은 꼭 비싸고 좋은 물건이 아니어도 괜찮습니다. 내가 받았으니까 줘야 한다는 생각, 내가 줬으니까 그 사람도 나한테 줘야 한다는 생각 없이, 주고 받는 것을 즐기면 됩니다. 내가 준 선물이 그 사람 마음에 들고 안 들고는 크게 중요하지 않습니다. 내가 그것을 줌으로써 행복해지니까, 걱정하지 말고 마음껏 선물 하십시오.

15~16

남자 : 저는 고기를 안 먹습니다. 그런데, 한국에서는 고기를 안 먹는 것이 너무 어려워요.

여자 : 한국에서 고기를 안 먹는 게 어렵다니요?

남자 : 집에서 제가 직접 음식을 만들어 먹는다면 큰 문제가 없습니다. 그런데, 사 먹을 땐 그게 쉽지 않아요.

여자 : 그래요? 그냥 고기가 들어가지 않은 음식을 먹으면 되잖아요. 비빔밥이나 칼국수나, 순두부찌개 같은 거요. 한국 음식은 대부분이 야채예요.

남자 : 비빔밥에는 볶은 고기가 들어가고, 칼국수는 고기로 국물을 만들어요. 그리고, 순두부찌개에도 돼지고기를 넣는 경우가 많아요.

여자 : 그러고 보니 한국 음식 중에서 고기가 전혀 안 들어가는 음식은 별로 없는 것 같아요.

남자 : 그리고, 한국 사람이 생각하는 고기가 우리 외국인이 생각하는 고기하고 다른 것 같아요. 예를 들면 김밥을 주문하기 전에 고기가 들었냐고 물으면 안 들었다고 해요. 그런데, 먹으려고 하면 햄이 들어 있어요. 제가 뭐라고 하면 아주머니는 햄이 고기냐고 하세요.

여자 : 맞아요, 김밥집에서 파는 야채김밥에도 햄이 들어 있어요.

17 (59쪽)

하룻강아지 범 무서운 줄 모른다는 속담을 아시지요? 흔히 세상 물정 모르고 까부는 사람을 비유할 때 자주 쓰는데요. 그렇다면 이 하룻강아지는 어떤 강아지를 말할까요? 아마 많은 분들이 태어난 지 하루 된 강아지를 그렇게 부른다고 알고 계실 것 같습니다. 과연 그럴까요? 아닙니다. 하룻강아지는 태어난 지 1년 된 강아지입니다. 옛날 우리말에는 동물의 나이를 세는 말이 따로 있었답니다. 사람의 나이를 셀 때는 한 살, 두 살, 이렇게 하지만 동물의 나이를 셀 때는 하릅, 두릅, 이런 말을 썼습니다. 하룻은 하릅이 바뀐 말입니다. 그러고 보니 속담을 살펴보아도 하룻강아지를 태어난 지 1년 된 강아지로 봐야 뜻이 통하는 것 같습니다. 태어난 지 하루 된 강아지가 범이 뭔 지 알겠습니까? 1년쯤 지난 강아지 정도는 되어야 세상을 좀 살아봤다고 까불고 다니지 않을까요?

18~19

사람은 나이가 들어 가면서 머리카락, 청력, 기억력, 근육 같은 것만 줄어드는 것이 아니라 키도 아주 조금씩 줄어듭니다. 미국 한 의학 잡지에 의하면 사람은 40세쯤부터 키가 줄기 시작해 10년에 약 1.3cm씩 준다고 합니다. 이 잡지는 키가 줄어드는 것을 지연시킬 수 있는 두 가지 방법도 함께 소개하고 있습니다. 우선 운동으로 허리 근육을 강화해 몸의 자세를 바르게 하는 것입니다. 다음으로, 꾸준히 몸을 움직이고, 칼슘과 비타민D 섭취를 잘 해서 뼈를 튼튼하게 해야 합니다.

20~21

흔히 스트레스 때문에 암이 생긴다고 알고 있습니다. 그런데, 암과 스트레스는 별로 관계가 없다는 연구 결과가 나왔습니다. 뉴욕타임스는 암 환자들이 스트레스 때문에 자신이 암에 걸렸다고 생각하지만 살아가는데 스트레스를 안 받는 사람은 없기 때문에 암 발생과 스트레스는 관계가 없다면서 암 발생과 스트레스의 관계에 대한 최근의 연구를 소개했습니다.

한 암센터에서 심한 스트레스를 받을 수밖에 없었던 사람들을 대상으로 암이 얼마나 발생했는지 조사했습니다. 자식을 잃은 부모 이만 천여 명을 대상으로 얼마나 암이 발생했는지 조사한 결과 일반적인 환경에 있는 사람과 차이가 없었습니다. 심한 스트레스 때문에 암이 발생한다면 이 부모들이 암에 많이 걸릴 텐데, 조사 결과 이들과 일반적인 환경에 있는 사람들과 비슷한 암 발생률을 보였습니다. 즉, 심한 스트레스 상황에 있는 사람과 그렇지 않은 사람 사이에 암 발생률에 차이가 없었습니다.

11과 음성 메시지를 확인하십시오

■ 첫째 마당 (62쪽)

1

|1| 여자 : 연세 무역회사입니다.
남자 : 김영수 씨 부탁합니다.
여자 : 지금 자리에 안 계신데요. 메모 남겨 드릴까요?
남자 : 박철승이라고 하시면 아실 겁니다. 김영수 씨 덕분에 일이 잘 끝났다고 인사드리려고 전화했습니다. 제가 미국에 도착하는 대로 다시 전화 드리겠지만 그동안 폐가 많았다고, 또 감사하다고 꼭 좀 전해주십시오. 그럼 수고하십시오.

|2| 여자1 : 여보세요.
여자2 : 이미선 씨 댁이죠?
여자1 : 네, 근데 엄마 지금 안 계신데요.
여자2 : 나 엄마 대학동창 박경미예요. 서울에 온 김에 만나고 가려고 전화했는데요. 엄마 돌아오면 전화 좀 해 달라고 전해주겠어요? 전화번호는 810-4109예요. 부탁해요.

|3| 남자 : 여보세요. 박철수 씨 댁이죠? 계신가요?
여자 : 지금 없는데요.
남자 : 컴퓨터 회사인데요. 실례지만 어머님 되세요?
여자 : 네, 그런데요.
남자 : 박철수 씨가 컴퓨터 수리 신청하셔서 전화드렸는데요. 지금 방문해도 될까요?
여자 : 내가 컴퓨터에 대해서 잘 모르는데 우리 애 있을 때 오면 안 될까요? 우리 애 오면 전화 왔었다고 얘기할게요.

2

|1| 남자 : 김미선 씨 휴대폰이죠? 택밴데요. 책 주문 하셨죠? 댁에 왔는데 안 계시네요.
여자 : 아, 그러세요? 저 지금 밖이거든요. 경비실에 맡겨 놔 주실래요?
남자 : 네, 알겠습니다.

|2| 여자 : 안녕하십니까?
남자 : 연세대학교 한국어학당 부탁합니다.
여자 : 연세대학교 한국어학당 말씀이십니까?
남자 : 네.
여자 : 안내해 드리겠습니다.
컴퓨터 안내 음성 : 문의하신 번호는 2123-3464번입니다. 이천백이십삼국의 삼천사백육십사번입니다. 안내 받으신 번호로 직접 연결을 원하시면 1번을 눌러 주시기 바라오며 요금은 100원이 부과됩니다.

■ 둘째 마당 (63쪽)

|1| 미선아! 나야, 미영이. 나 오늘 갑자기 부산으로 출장 가게 됐어. 정말 미안하다. 다음에 내가 영화 보여주고 밥도 살 게. 갔다 와서 연락 할게.

|2| 여기 연세치관데요. 내일 예약한 환자 분이 취소하셔서 오후 1시에 시간이 비었어요. 지난 번 예약하실 때 시간이 좀 늦다고 하셨던 게 기억이 나서 전화드렸어요. 5시에서 1시로 예약을 바꿔드릴까요? 오늘 6시 전까지 연락주세요.

|3| 미선 씨! 저 죤슨이에요. 잘 지냈지요? 그냥 궁금해서 전화했어요. 저 오늘 계속 집에 있을 거거든요. 시간 있으면 전화 주세요.

|4| 안녕하세요? 김미선 씨! 국제여행사입니다. 태풍 때문에 모레 출발 예정이었던 제주도 여행이 취소되었습니다. 김미선 씨, 카드로 결제하셨죠? 저희가 결제하신 금액 30만 원 취소 처리해 드리겠습니다. 죄송합니다.

|5| 미선아! 나 경숙이야. 너 '현대인의 심리' 라는 책 있

니? 나 보고서 써야 하는데 그 책이 좀 필요해서, 혹시 있으면 좀 빌려 줄래? 늦어도 좋으니까 오늘 전화해 줘.

|6| 미선아! 나 은하야. 너 이번 학기에 영어 수업 듣지? 혹시 어제 강의실에서 네 옆에 앉았던 남학생 기억나니? 키 크고 안경끼고 좀 샤프해 보이는 애 말이야. 걔 이름이 김철수인데 너한테 관심이 있나 봐. 내가 너랑 친한 걸 어떻게 알았는지, 너를 소개시켜 달라고 하도 졸라서. 괜찮은 아이인데, 한 번 만나볼래?

■ 셋째 마당 (64쪽)

리포터 : 한 조사에 따르면 우리나라 국민 중 76%가 휴대전화를 가지고 있다고 합니다. 휴대전화가 없는 사람이 없다고 해도 틀린 말은 아닐 것입니다. 오늘은 이렇게 우리 생활속에 필수품으로 자리 잡은 휴대폰에 대한 시민들의 생각을 들어보겠습니다.

시민 1 : 휴대전화가 있으면 언제, 어디서든 연락이 가능하고 통화가 되지 않는다 해도 문자나 음성으로 메시지를 남기면 되니까 정말 편리해요. 아주 급한 일이 아니면 당장 통화가 안 됐다 해도 메시지를 확인하고 상대방이 연락을 해 올테니 느긋하게 기다리기만 하면 됩니다. 또 얼굴을 마주보고 하기 힘든 얘기도 문자나 음성 메시지를 이용하면 부담없이 전할 수도 있고요. 또 전화기에 저장돼 있는 이름과 전화번호들을 확인하면서 내가 혼자가 아님을 다시금 느껴 보기도 하고요. 언제나 나와 함께 하는 또 하나의 작은 나라고나 할까요?

시민 2 : 이렇게 작은 전화기 하나에 없는 게 없잖아요. 이제 전화기 하나만 있으면 시간도 알 수 있고, 사진도 찍고, 음악도 듣고, 수첩에 적어 놓던 약속도 저장해 놓을 수 있고, 무거운 사전을 가지고 다닐 필요도 없어요. 게다가 약속 시간을 알려 주는 알람 기능까지 있으니 개인 비서 하나 둔 셈이죠.

시민 3 : 휴대전화요? 편리하긴 하죠. 그런데 가끔은 그 편리함이 불편할 때도 있어요. 일이 하나 더 늘었다고나 할까요? 습관적으로 전화가 온 게 없는지 확인하게 되고요. 어쩌다가 집에 두고 나오기라도 하는 날엔 하루 종일 불안해요. 더 웃긴 건요. 그런 날 집에 들어가 전화를 확인해 봤는데 전화가 한 통도 안 왔을 때 진짜 외롭죠.

시민 4 : 뭐랄까? 휴대전화 때문에 기대감이란 게 사라졌다고나 할까? 옛날에 미팅하고 집에 돌아와서 다른 식구가 먼저 받을까봐 전화 옆에서 전화 오기를 기다리고. 아, 그 땐 보통 한 집에 전화 한 대였었거든요. 그러다가 가끔 아무 말 없이 끊는 전화가 오면 혹시 그 사람이 아닐까 하고 가슴 두근거리던 그런 경험을 요즘 젊은 사람들은 모를 거예요. 요즘이야 휴대전화에 발신자번호가 다 떠서 누군지 금방 알 수 있잖아요. 귀찮거나 피하고 싶은 전화는 무시해 버리기도 하고요.

12과 제 설명이 이해가 되세요?

■ 첫째 마당 (66쪽)

|1| 남자 : 이제 다 됐습니다. 사용 방법은 아세요?
여자 : 아니요.
남자 : 사용 설명서에 자세히 나와 있지만 우선 제가 간단히 여는 것만 설명 드릴게요.
여자 : 네
남자 : 지금은 비밀번호가 1234로 되어 있어요. 먼저 가운데 있는 옆으로 긴 버튼을 누르세요. 그럼 뚜껑이 열려요. 그럼 먼저 별표 버튼을 누르시고요. 비밀번호를 누르세요. 그 다음에 다시 별표를 누르세요. 그럼 문이 열릴 거예요. 한 번 해 보세요.

|2| 남편 : 여보, 왜 밖에 있어?
아내 : 비밀번호를 맞게 눌렀는데 문이 안 열려서 몇 번 했는데 도둑 침입이라는 소리가 막 나잖아. 당신 올 시간도 되고 해서 여기서 그냥 기다리고 있었지.
남편 : 전화하지 그랬어?
아내 : 배터리가 나갔어.
남편 : 마지막에 별표 버튼 눌렀어?
아내 : 아니.
남편 : 그걸 눌러야 돼. 얼마나 여기 있었던 거야?
아내 : 얼마 안 돼. 근데 도둑 침입이란 소린 왜 난거야?
남편 : 5번 틀리면 그 소리가 나게 돼 있어. 들어가자.

■ 둘째 마당 (67쪽)

|1| 여직원 : 손님, 여기 있습니다. 지금 저희 백화점에서 추석을 맞이하여 15만 원 이상 구매하시는 고객 분들께 백화점 상품권을 드리는 행사를 하고 있으니까 꼭 받아 가세요.
손 님 : 어디서 받아요?
여직원 : 상품권은 10층에서 드려요.

10층입니다.

남직원 : 영수증 보여주시겠습니까? 손님, 여기 상품권 만 원입니다. 식품부에서 구매하셨죠?
손 님 : 네.
남직원 : 그럼 장바구니도 받으실 수 있는데 받으셨어요?
손 님 : 아니요. 그런데 선물을 2개나 받을 수 있나요?
남직원 : 네, 추석맞이 특별행사를 하고 있거든요. 정문 안내로 가시면 그 맞은편에 장바구니 드리는 데가 있을 거예요.
손 님 : 감사합니다.
남직원 : 안녕히 가십시오.

|2| 남자 : 맛있게 드셨습니까? 5만 원입니다.
여자 : 저, 할인 쿠폰이 있는데요.
남자 : 네, 주세요. 10% 할인돼서 45,000원입니다.
여자 : 여기요.
남자 : 손님, 죄송하지만 10% 할인은 현금으로 결제하실 때만 가능한데요. 그리고 유효 기간도 지났습니다.
여자 : 그냥 해 주시면 안 돼요?
남자 : 유효 기간이 2개월이나 지나서 좀 곤란합니다. 저희 쿠폰은 계속 나가니까요 다음에 또 이용해 주세요. 다음에 오실 땐 쿠폰을 먼저 보여 주세요.

■ 셋째 마당 (68쪽)

|1| 안내 : 안녕하십니까? 연세통신입니다. 가입 신청 및 변경 문의는 1번, 장애 및 고장 신고는 2번, 요금 및 납부 관련 문의는 3번, 서비스 해약 및 신청은 4번, 전화번호 안내는 5번을 눌러 주십시오.
가입 신청 문의는 1번, 변경 문의는 2번을 눌러 주십시오.
상담원을 연결해 드리겠습니다.
안내 : 안녕하십니까? 상담원 한미나입니다. 뭘 도와드릴까요?
남자 : 전 외국인인데요. 외국인도 신청할 수 있나요?
안내 : 네, 신청 가능하십니다. 외국인 등록증이라든지 다른 신분증이 있으시면 복사해서 팩스로 보내주시면 됩니다.
남자 : 요금은 어떻게 됩니까?
안내 : 사용하시는 곳에 따라서 요금 차이가 있습니다. 아파트인지 주택인지에 따라 다르고요. 아파트라 해도 거주 지역에 따라 다릅니다.

|2| 남자 : 요금에 대해서 알고 싶은데요.
안내 : 아파트이신가요?
남자 : 네, 신촌에 있는 아파트예요.
안내 : 일반 아파트는 약정을 안 하실 경우 39,600원이고요. 1년으로 약정하시면 36,470원, 3년으로 약정하시면 31,020원입니다.
남자 : 약정이 뭐예요?
안내 : 약정은 미리 사용 기간을 정하고 그 기간 동안 사용하셔야 하는 걸 말합니다. 1년 약정을 하시면 1년 동안 사용하셔야 합니다.
남자 : 중간에 취소가 안 되나요?
안내 : 해지 가능하시지만 약정으로 계약시 할인 혜택으로 받은 금액을 한꺼번에 내셔야 합니다.
남자 : 신청하면 언제부터 사용할 수 있나요?
안내 : 다음날 설치가 가능합니다.
남자 : 네, 고맙습니다.
안내 : 더 문의하실 사항 없으십니까?
남자 : 네.
안내 : 상담원 한미나였습니다. 좋은 하루 되십시오.

13과 이 귀여운 아이가 바로 접니다

■ 첫째 마당 (70쪽)

|1| 미용사 : 오랜만이시네요.
손 님 : 네, 좀 바빴어요.
미용사 : 이번엔 어떻게 해 드릴까요? 계속 파마하셨으니까 좀 바꿔 볼까요?
손 님 : 네, 좀 질리는 거 같아요.
미용사 : 이번엔 생머리를 해 볼까요? 길이는 어떻게 할까요?
손 님 : 알아서 해 주세요.
미용사 : 길이는 다듬는 정도로 하고요. 층을 내서 가벼워 보이게 해 드릴게요.

|2| 여자1 : 어, 이게 누구야? 못 알아보겠다.
여자2 : 어때?
여자1 : 되게 어려 보여. 대학생이라고 해도 믿겠다.
여자2 : 정말? 그렇게 어려 보여?
여자1 : 것 봐! 넌 약간 밝은 색이 잘 어울린다고 했잖아. 훨씬 세련되고 부드러워 보이는데, 진작에 이렇게 하지.

|3| 남자 : 여자가 갑자기 머리를 자르면 실연당한 거라 하던데.
여자 : 애인이 있어야 실연을 당하든 말든 하지. 어때? 괜찮아?
남자 : 솔직히 말해서, 난 지난 번 머리가 더 나은 것 같은데….
여자 : 내가 봐도 그래. 내가 갑자기 왜 그랬는지 모르겠어. 전처럼 기르려면 한참 걸릴 거야. 근데 짧은 머리 손질이 오히려 더 어렵더라. 머리가 자꾸 삐쳐.

■ 둘째 마당 (71~72쪽)

1 ~ 2

지현이는 긴 생머리에 얼굴은 동그란 편이에요. 머리 감기가 좀 불편하지만 한국무용을 할 거니까 어쩔 수 없이 기른댔어요.

갸름한 얼굴에 머리를 둘로 묶은 친구는 정하예요. 머리가 꼬불꼬불하지만 파마머리는 아니에요. 이 친구는 곱슬머리라서 머리를 풀면 사자처럼 보인다고 고민했지만 우린 부러워했지요. 학생 땐 파마를 못 하잖아요.

앞가르마를 탄 단발머리는 바로 저예요. 얼굴이 각이 진 걸 좀 가려 보려고 그렇게 했었는데 지금 보니 오히려 각진 얼굴이 더 네모처럼 강조돼 보이네요.

보통 키에 배가 좀 나온 대머리 남자 분은 담임선생님이세요. 젊으셨을 땐 숱이 많았는데 우리가 하도 말을 안 들어 그렇게 되셨대요. 선생님 20대 때 사진을 한 번 본 적이 있는데요, 너무 놀라서 기절하는 줄 알았어요. 그 땐 배도 하나도 안 나오고 선생님 말씀대로 영화배우 같더라고요.

큰 키에 스포츠형 머리를 하신 잘 생긴 20대 후반의 남자 분은 체육선생님이세요. 키도 크고 미남인 데다 못하는 운동이 없어서 여학생들에게 인기 최고셨지요.

맨 뒤에 짧은 머리를 한 애가 미영이에요. 예쁘게 생긴 남자 같지요? 그래서 별명이 꽃미남이었어요. 그땐 뒷모습만 보면 진짜 남자였어요.

■ 셋째 마당 (73쪽)

경찰 : 보신대로 좀 자세히 말씀해 주십시오.
남자 : 전 지하철을 기다리고 있었는데요. 지하철 문이 열리고 사람들이 내리는데 어떤 젊은 청년이 한 여학생이 손에 들고 있던 가방을 빼앗아 도망갔어요. 너무 순식간에 일어난 일이라 어떻게 도와줄 수가 없었어요.
경찰 : 범인은 한 명이었나요?
여자 : 아니요, 한 명 더 있었어요.
경찰 : 키가 컸나요?
남자 : 한 사람은 키가 컸어요. 한 180cm쯤 되는 것 같았어요.
경찰 : 체격은요? 말랐나요?
남자 : 마른 편이었어요.
경찰 : 얼굴을 보셨나요?
남자 : 야구 모자를 눌러 쓰고 있어서 얼굴은 확실히 못 봤어요.
여자 : 모자 밑으로 뒷머리가 길게 나왔던 것 같아요.
경찰 : 옷은 뭘 입고 있었는지 기억나십니까?
남자 : 청바지에 운동화를 신고 있었어요.
경찰 : 위에는 뭘 입고 있었나요? 티셔츠였나요?

여자 : 티셔츠를 입고 있었는데요, 티셔츠를 바지 안에 넣어 입고 벨트를 해서 좀 눈에 띄었어요.
남자 : 맞아요, 티셔츠에 세계지도가 그려져 있었어요.
경찰 : 다른 한 명은요?
남자 : 보통 체격에 보통 키였어요. 평범한 회사원 같았어요.
여자 : 양복을 입었어요. 넥타이를 했던 것 같아요.
경찰 : 눈에 띄는 특징은 없었나요?
남자 : 역삼각형 얼굴에 날카로운 인상이었어요. 아, 그리고 코 옆에 큰 점이 있었어요.

14과 한국말을 배우게 된 동기가 있습니까?

■ 첫째 마당 (76쪽)

2

1) 여자 : 다나카 씨는 왜 한국말을 배워요?
   남자 : 전 자막을 읽지 않고도 드라마를 다 이해하고 싶어서요.

2) 남자 : 리엔 씨, 부모님이 한국 분이신가요?
   여자 : 아니요, 전 중국 사람인데요. 제일 친한 친구가 한국 사람이에요.

3) 여자 : 마이클 씨, 한국말을 배우게 된 동기가 있나요?
   남자 : 전 대학시절부터 동양문화에 관심이 많았어요. 마침 장학금을 받고 한국에서 석사를 할 수 있는 기회도 생겼고요.

4) 여자 : 한국에서 사업을 하실 계획이신가요?
   남자 : 전 은퇴했습니다. 지금까진 바쁘게 일하느라 제 시간을 가질 여유가 없었지요. 이제 은퇴도 하고 해서 아내와 함께 새로운 인생을 살아 보고 싶어서 둘이 한국에 왔습니다. 외국어를 배운다는 것은 정신건강에도 좋지 않습니까?

■ 둘째 마당 (77쪽)

|1| 선생 : 안녕하세요? 성함이 어떻게 되십니까?
학생 : 네? 성함이…….
선생 : 아! 미안합니다. 이름이 무엇입니까?
학생 : 김유진입니다.
선생 : 어느 나라에서 오셨습니까?
학생 : 미국에서 왔습니다.
선생 : 재미교포시군요.
학생 : 네, 제가 2살 때 부모님께서 미국으로 이민을 가셨습니다.
선생 : 한국말을 잘 하시는데 어디서 배우셨나요?
학생 : 어렸을 때 한글학교에 다녔어요.
선생 : 아! 그러시군요. 한글학교는 얼마나 다녔어요?
학생 : 7살 때부터 12살까지요.
선생 : 예전에 한국에 오신 적이 있나요?
학생 : 아니요, 처음이에요. 전 이번에 고등학교를 졸업했거든요. 그래서 대학 가기 전에 방학을 이용해서 왔어요. 이번에 제대로 배워 놓지 않으면 앞으론 기회가 없을 것 같아서요.
선생 : 와 보니까 어때요?
학생 : 친척들을 만나서 너무 좋아요. 다 재미있어요.
선생 : 한국에서 언어 때문에 불편한 점은 없었나요?
학생 : 듣고 말하는 것은 웬만큼 괜찮은데요, 빨리 읽는 거랑 쓰는 게 어려워요. 쓰는 건 시간을 가지고 천천히 하면 그래도 괜찮은데요. 버스 탈 때 빨리 읽어야 하잖아요. 그런 게 제일 어려워요.

|2| 선생 : 안녕하십니까? 성함이 어떻게 되십니까?
학생 : 다나카입니다.
선생 : 일본에서 오셨습니까?
학생 : 네, 일본 사람입니다.
선생 : 어디에서 한국말을 배우셨습니까?
학생 : 학원에서 배웠습니다.
선생 : 한국말을 배우기 시작한 지 얼마나 되셨어요?
학생 : 3년 되었어요.
선생 : 한국에 온 적이 있습니까?
학생 : 네, 2년 전 한국 지사에서 좀 근무했었는데, 이제 다시 한국 지사에서 한 3년쯤 일하게 되었습니다. 거래처가 다 한국 회사이다 보니 한국말을 못하면 일할 때 곤란합니다. 제 나름대

로 공부한다고 하긴 했습니다만 막상 한국에 와보니 생각했던 것보다 더 어렵습니다.

선생 : 무엇이 제일 어렵습니까?

학생 : 아무래도 말하기가 제일 어렵습니다. 한국 사람하고 말할 기회가 별로 없었기 때문에 많이 긴장하게 됩니다.

|3| 여자 : 어떻게 오셨나요?

남자 : 어린이 캠프 교사를 구한다는 광고를 보고 아까 전화 드렸던 사람인데요.

여자 : 성함이 어떻게 되시죠?

남자 : 이영수입니다.

여자 : 지금 학생이신가요?

남자 : 네, 대학 3학년입니다.

여자 : 이런 일 해본 경험이 있으세요?

남자 : 캠프 교사는 경험이 없지만 전공이 체육교육학이라 수영장에서 수영강습도 해봤고 아르바이트로 테니스를 가르친 적도 있습니다.

여자 : 이번 캠프는 초등학교 1 · 2학년을 대상으로 하는 프로그램인데 아이들을 잘 다루실 수 있겠어요?

남자 : 제가 교회에 다니는데요. 대학 1학년 때부터 어린이부 교사를 했기 때문에 아이들과 지내는 덴 자신이 있습니다. 그리고 태권도도 좀 하고요, 취미로 마술도 좀 배웠어요.

여자 : 재주가 많으시네요. 이력서를 검토해 보고 연락드리겠습니다. 어디로 연락드리면 될까요?

남자 : 휴대폰은 011-2134-5799입니다. 언제쯤 연락주실 수 있나요?

여자 : 늦어도 다음 주 화요일까지는 연락이 갈 거예요.

남자 : 고맙습니다. 수고하십시오.

■ 셋째 마당 (78쪽)

남자 1 : 박민우 씨?

남자 2 : 네, 안녕하십니까?

남자 1 : 왜 우리 회사를 지원했나요?

남자 2 : 유니산업은 이 분야에서 가장 앞서가는 회사라고 생각합니다. 이 회사에서 제가 일하게 된다면 제가 지금까지 배워 온 지식을 활용함과 동시에 실제 업무에 관해 많은 것을 배울 수 있을 거라 생각했기 때문입니다.

남자 1 : 박민우 씨와 같이 명문대 출신이고 성적도 우수한 학생들은 대기업에 지원하는 게 아직까진 일반적인데요.

남자 2 : 대기업과 같이 이미 완성된 회사에서 하나의 부품과 같은 존재가 되기보다는 성장해 가는 회사에서 제 자신의 가능성도 완성해 보고 싶어서입니다. 또한 유니산업은 임원뿐만 아니라 일반 사원들에게도 많은 기회가 주어진다는 이야기를 많이 들었습니다.

남자 1 : 자신의 장단점은 뭐라고 생각합니까?

남자 2 : 장점이라면 사람들과 잘 지낸다는 것입니다. 새로운 환경에 적응을 잘 하는 편이고 고등학교 때 전교 회장을 한 경험이 있어 리더십도 있다고 생각합니다. 단점이라면 제가 대학을 졸업한 지 얼마 안 돼서 경험이 많지 않다는 것입니다. 그러나 전 일을 빨리 배우는 편이라 팀의 일원으로서 쉽게 적응할 수 있으리라 생각합니다.

남자 1 : 우리 회사는 해외 지사가 있는데 다른 나라에서 근무하는 것에 대해 어떻게 생각합니까?

남자 2 : 전공으로 경영학을 선택한 이유도 해외 무역에 관심이 많았기 때문입니다. 그리고 대학 2학년 때 1년 간 미국에 교환학생으로 다녀온 경험도 있어 외국에서 생활하는 데에 문제 없을 것이라 생각합니다.

남자 1 : 영어는 어느 정도 하나요?

남자 2 : 영어로 프리젠테이션하거나 의사 소통하는 덴 별 무리가 없습니다.

15과 어떻게 하면 듣기를 잘 할 수 있습니까?

■ 첫째 마당 (80쪽)

2

우리는 어제 왜 한국어를 배우는지에 대해 이야기했습니다. 한국어를 배우게 된 이유는 사람마다 달랐습니다. 또 관심이 있는 분야도 차이가 있었습니다. 그러면, 오늘은 어떻게 하면 듣기를 보다 더 잘 할 수 있는지, 그 요령에 대해 얘기해 보겠습니다.

첫 문장을 놓치지 마십시오. 첫 문장을 잘 들어야 다음에 전개될 대화의 상황을 파악하기가 쉽습니다. 혹시 첫 문장을 놓쳤다 해도 이미 놓친 문장에 매달리지 마십시오. 그것을 생각하느라 많은 것을 놓치게 됩니다. 전개되는 이야기의 흐름을 따라가면서 전체 내용을 파악하는 데 집중하십시오. 그리고 모르는 단어가 나와도 당황하지 마십시오. 여러분이 이미 알고 있는 단어가 모르는 단어의 힌트가 되어 줄 것입니다.

또한 같은 문장이라도 억양에 따라 전혀 다른 의미가 될 수 있으니까 억양도 주의해서 들어야 합니다.

마지막으로 모든 내용을 다 받아 적으려고 하지 마십시오. 물론 시간이나 값 등과 같은 것들은 정확하게 기억해야 할 경우가 있습니다만, 들은 내용을 다 받아쓰고 기억한다는 것은 거의 불가능합니다. 기억하는 데에 힌트가 될 수 있는 내용을 간단하게 메모해 가면서 들으십시오.

■ 둘째 마당 (81쪽)

|1| 이제 앞에서 말한 강의 내용에 따라 다음 문제를 풀어 봅시다. 먼저 2 · 3번 문제는 각 질문에 맞는 답을 ①, ②, ③번 중에서 골라 쓰십시오. 그리고 그 답을 선택하는 데 힌트가 된 단어나 표현을 쓰십시오. 4번 문제는 질문에 맞는 답을 고르십시오.

|2| 여자 : 오늘 역사 수업 휴강되었대.
남자 : 그 교수님은 휴강 안 하시기로 유명하신 분인데.
여자 : 많이 편찮으셔서 병원에 입원하셨다니까 당분간 수업이 없을 것 같아.

|3| 남자 : 어제 정말 창피한 일이 있었어.
여자 : 무슨 일이 있었는데?
남자 : 성함이 어떻게 되냐는 질문에 좋다고 대답했거든.
여자 : 동문서답을 했구나.

|4| 두 사람이 부부래.

■ 셋째 마당 (82쪽)

안녕하십니까? 연세대학교에 오신 것을 환영합니다. 저는 오늘 새내기 오리엔테이션을 진행할 학생과장 김영민입니다. 낯선 곳에서 모든 것을 시작하셔야 되는 여러분은 기대감과 함께 긴장감도 느끼실 겁니다. 그러나 수업이 시작되면 학교 친구들도 새로 만나고 한국 생활에도 익숙해지실 겁니다.

그럼 오늘 하루 일정을 말씀드리겠습니다. 먼저 10시부터 11시까지는 여기 대강당에서 교내 시설에 대한 안내가 있습니다. 도서관과 학생상담실, 컴퓨터실, 그리고 식당과 휴게실을 포함한 각종 편의시설의 위치와 이용 방법에 대한 자세한 소개가 있을 예정이오니 잘 들어 주시기 바랍니다.

그리고 11시부터 12시까지는 각 동아리 선배들이 나와서 대학 생활의 꽃이라 할 수 있는 동아리 활동에 대해 소개할 예정입니다. 공통의 관심사를 가진 선배들과 여러 활동을 함께 함으로써 대학 생활의 또 다른 기쁨을 느끼실 수 있을 것입니다.

오후 1시부터는 수강 신청에 대한 안내가 있습니다. 과사무실로 가면 선배들이 수강 신청에 대한 안내를 해 줄 것입니다. 각 전공마다 꼭 강의를 들어야 하는 필수과목과 각자 선택해 강의를 들을 수 있는 선택과목이 있는데 여러분은 아직 뭐가 뭔지 잘 모르실 겁니다. 필수과목과 선택과목에 대해 궁금한 점이 있으면 주저하지 말고 질문하십시오. 선배들이 친절하고 자세하게 안내해 줄 겁니다. 매년 새내기들의 수강 신청을 선배들이 도와주는 것도 우리 학교 전통 중의 하나입니다. 내년엔 여러분이 이 일을 맡아 해야 할 것입니다.

자, 그럼 일정에 따라 교내 시설 안내를 시작하겠습니다.

16과 상담 좀 하고 싶은데요

■ 첫째 마당 (84쪽)

연세대학교 한국어학당에서는 여러분의 학교 생활에 도움이 되고자 상담실을 운영하고 있습니다. 상담 시간은 월요일부터 목요일까지, 오후 2시부터 4시까지입니다. 상담을 원하는 학생은 신청 용지에 상담 희망 시간, 연락 가능한 전화번호를 적어 신청함에 넣어 주시기 바랍니다.

단 비자, 어학당 등록, 연대 입학이나 편입, 하숙집에 대한 문의는 어학당 사무실로 해 주시기 바랍니다.

■ 둘째 마당 (85쪽)

|1| 전 어렸을 때부터 의사가 되고 싶었어요. 저한테 잘 맞는다고 생각해 왔고 주변에서도 그랬었고요. 그런데 막상 대학에 들어와 공부해 보니 아닌 것 같아요. 오히려 문학쪽이 제 적성에 맞는 것 같아요. 공부 시작한 지 얼마나 됐다고 그런 얘기 하냐고 하면 할 말이 없지만요.

|2| 전 지금까지 소위 말하는 모범생이었어요. 학교하고 집, 학원밖에 몰랐어요. 고등학교때까진 공부만 하면 되니까 별로 고민할 게 없었어요. 아침에 학교 가서 공부하고 학원 갔다가 집에 가면 밤이잖아요. 고민이 다 뭐예요? 씻고 자느라 바빴지요. 그런데 고등학교 때 그렇게 꿈꿔 왔던 자유가 막상 내 것이 되니까 어떻게 해야 할지 잘 모르겠어요.

|3| 첫 눈에 반한다는 거 믿으세요? 정말 영화의 한 장면처럼 그 사람밖에 안 보이고 시간이 멈춰 버린 것 같은 거요. 새내기 환영회에서 제 이상형을 만났어요. 같은 과니까 사실 친해질 수 있는 기회는 참 많아요. 그런데 제가 성격이 좀 내성적이고 소심한 편이에요. 그 여학생 앞에만 가면 말이 안 나오고 너무 떨려서 자꾸 실수만 하게 돼요. 그래서 오히려 마음과는 다르게 무뚝뚝하게 대하게 돼요.

|4| 요즘같은 불경기에 취업하기란 낙타가 바늘구멍에 들어가기보다 어렵다고들 하잖아요. 그래도 전 열심히 하면 될 줄 알았어요. 제가 회사에 낸 이력서만 해도 100통이 넘을 걸요. 처음엔 이것저것 따졌었죠. 연봉, 근무 조건, 회사의 장래성 등등요. 이젠 저를 받아 주는 회사만 있다면야 모든 조건과 상관없이 열심히 일할 거예요.

■ 셋째 마당 (86쪽)

1

학 생 : 선생님, 전 요즘 공부가 잘 안 돼서요. 그래서 이렇게 상담을 신청했습니다.

선생님 : 네, 지금 4급이신가요?

학 생 : 네, 연세대학교에서 1급부터 시작했으니까 벌써 10개월쯤 됐네요. 전 숙제도 열심히 하고 나름대로 열심히 공부해 왔거든요. 1급 땐 정말 재미있었어요. 물론 그 때도 어려운 것이 있긴 했지만요. 그 땐 실력이 느는 게 막 느껴졌었어요. 그런데 요즘은 그냥 제자리인 것 같아요. 그래서 답답하고요. 가끔은 포기하고 싶기도 해요.

2

선생님 : 그러시군요. 그건 토마스 씨 혼자만 하는 고민은 아니에요. 외국어를 배우는 사람이라면 누구나 다 겪게 되는 과정입니다. 초급 단계에서는 실력이 그야말로 일취월장이지요. 한마디도 못 했던 사람이 '안녕하세요?'라는 인사를 시작으로 간단한 일상 대화까지 가능하게 되니까요. 공부하는 재미에 시간 가는 줄 모를 때예요. 그런데 중급이 되면 좀 달라져요. 열심히 하기는 하는데 실력이 늘 제자리인 것 같은 느낌이 들 거예요. 오히려 예전보다 더 안 들리는 것 같기도 하고요.

학 생 : 네, 맞아요. 제가 공부를 안 하는 게 아니거든요. 단어도 외우고 숙제도 열심히 하고, 나름대로 열심히 하고 있다고 전 생각해요. 그러니까 더 답답해요.

선생님 : 외국어를 배우는 사람이라면 누구나 겪게 되는 과정이에요. 그런데 이 단계에서 자신감을 잃고 중간에 포기하는 경우가 많아요.

학 생 : 선생님, 어떻게 하면 될까요?

선생님 : 이 고비만 넘기면 돼요. 인내심을 갖고 꾸준히 노력하는 것 외엔 방법이 없어요. 그냥 계속 열심히 하는 거죠. 하지만 이게 말처럼 쉽지는 않을 거예요.

학 생 : 선생님 말씀을 들으니 좀 안심이 돼요. 선생님, 그래도 쉽게 잘 배우는 학생이 있는 것 같아요. 그 비결이 뭘까요?

선생님 : 우리 주위에 다른 사람에 비해 빨리 쉽게 배우는

학생이 있는 건 사실이지요. 그 학생들에겐 몇 가지 공통점이 있어요. 그 학생들은 말 실수를 해도 부끄러워하지 않아요. 외국인이니까 한국 사람처럼 말을 못 하는 건 당연하다고 생각해요. 모르는 사람에게도 말을 걸고 자꾸 하다 보면 느는 건 당연한 결과지요. 그리고 모국어 실력이 뛰어나요. 고급으로 갈수록 모국어 실력이 중요해져요. 모국어로도 모르는 단어를 외국어로 배우기는 정말 어렵거든요.

학 생 : 말씀을 듣고 보니 정말 그런 것 같아요. 선생님, 감사합니다. 저도 힘내서 계속할게요.

선생님 : 도움이 되었다니 저도 기뻐요. 상담실의 도움이 필요하면 언제든지 다시 오세요.

17과 여가시간을 어떻게 보내십니까?

■ 첫째 마당 (88쪽)

|1| 전 어렸을 때 우표를 모았었어요. 새 우표가 나오면 우체국에 가서 사기도 했지만 주로 식구들한테 온 편지에 붙어 있는 우표를 떼어 모았어요. 그땐 우표 수집하는 게 제 또래 아이들 사이에서 유행이었어요. 한 150장쯤 되는데 나중에 제 아이한테 물려줄 생각이에요.

|2| 전 시간이 나면 게임을 즐겨 해요. 집 컴퓨터는 아무래도 좀 느리고 어머니 눈치도 보이고 해서 PC방에 가요. 부모님은 제가 게임에 빠질까봐 걱정하세요. 하지만 제가 스트레스 푸는 유일한 방법이에요. 그거라도 없었더라면 전 공부 때문에 숨막혀 죽었을 거예요.

|3| 우리집 아이는 한번 책을 들면 놓지 않아요. 다 읽을 때까지 몇 시간이고 꼼짝 안 해요. 책 좀 그만 읽으라고 할 수도 없고…. 그 나이엔 친구들 하고 어울려 노는 게 중요하잖아요? 책 읽느라 친구랑 놀 시간이 없는 것 같아 신경 쓰여요.

|4| 제 취미요? 글쎄요. 딱히 취미랄 건 없는데…. 아무것도 안 하는 거라고나 할까요? 아내는 저보고 빈둥거린다고 하지만 일주일 내내 아침부터 밤까지 일해 보세요. 휴식이 절대적으로 필요하다고요. 빈둥거리는 게 아니라 에너지를 재충전하는 거죠. 휴대폰 배터리도 충전해줘야 하잖아요.

|5| 예전엔 몰랐었는데 나이가 들면서 꽃이 좋아지더라고요. 그래서 아파트 베란다에 나무랑 꽃을 좀 기르기 시작했지요. 아침에 일어나 화분에 물주고 잎을 닦아 주면서 잘 잤냐고 인사해요. 혼자 집에 있는 날은 한 마디도 안 할 때가 있거든요. 가족이요? 애들은 다 커서 분가하고 2년 전에 남편과 사별한 후 혼자 살고 있어요.

|6| 전 운동을 남보다 빨리 배우는 편이고 남들 하는 만큼은 해요. 또 운동을 워낙 좋아해서 안 해본 운동도 거의 없고요. 요즘은 좀 일찍 일어나서 한강변을 달려요. 별다른 준비물 없이 그냥 운동화만 있으면 되니까 시간날 때 아무 때나 할 수도 있어서 좋아요. 강바람을 맞으며 달려 본 사람만이 그 기분을 알 수 있죠. 앞으로 연습을 좀 더 해서 마라톤 대회에 나가고 싶어요. 동호회에도 가입해서 매주 일요일 아침에 모여 같이 연습하고 있어요.

|7| 전 여행을 좋아해요. 옷이나 다른 물건들도 샀을 때 얼마 동안은 기분이 좋죠. 근데 그 기쁨이 한때지만 여행에 대한 기억은 추억이 되잖아요. 전 너무 지치거나 힘들 때 제가 갔었던 곳 경치를 떠올려 봐요. 그때의 그 기분을 그대로 다시 느낄 수 있거든요. 그리고 다음에 갈 여행을 생각하면서 다시 한번 힘을 내는 거죠.

■ 둘째 마당 (89쪽)

아나운서 : 청취자 여러분, 안녕하십니까? 오늘도 주목 받는 CEO 김재곤 님을 모시고 말씀 나눠 보겠습니다. 회장님, 안녕하셨습니까? 지난 시간에 사업을 성공시키기까지의 그 과정에 대한 말씀 잘 들었습니다. 오늘은 좀 가벼운 주제로 말씀 나눠 보려고 합니다. 회장님께서 운영하시는 회사 중의 하나인 골프 의류회사를 모르는 사람은 아마 대한민국에 없을 겁니다. 그래서 그런지 회장님의 골프 실력에 대해 궁금해 하는

사람들이 꽤 많은데요. 어떠십니까?

회장 : 제가 평소에 많이 듣는 질문 중의 하나입니다. 유감스럽게도 제 골프 실력은 그리 좋다고 할 수 없습니다. 저보다는 제 집사람이 훨씬 잘 치지요. 사실 제가 골프를 시작한 건 얼마 안됩니다.

아나운서 : 뜻밖인데요. 일반적으로 사업하시는 분 중에서 골프를 안 치는 분이 없다고 생각하지 않으십니까?

회장 : 그렇지요. 40대 중반까지만 해도 직장일 때문에 한가하게 취미생활을 즐길 여유가 없었습니다. 또 유난히 해외 출장이 많아 세계 구석구석 안 가본 곳이 없을 정도였으니까요. 그때는 집에 있는 게 바로 쉬는 것이었으니까. 어쩌다 시간 나면 '방콕' 했지요. 말 그대로 방에 콕 틀어 박혀서 뒹구는 걸 제일 좋아했습니다.

아나운서 : 그러셨습니까? 뜻밖인데요.

회장 : 그런데 나이가 50이 넘으니까 몸 여기저기에서 신호가 왔습니다. 고혈압과 당뇨도 생기고요. 이제 더 이상은 안 되겠다는 생각에 골프를 시작했습니다. 그런데 처음엔 골프를 치면서 스트레스를 많이 받았었습니다. 남에게 지기 싫어하는 성격 때문에 기록이 좋지 않은 날은 저 자신에게 화가 나서 힘들었으니까요.

아나운서 : 지금도 그러신가요?

회장 : 이젠 아닙니다. 좋아하는 사람들과 맑은 공기를 마시면서 필드를 걷는 기분은 무엇과도 비교할 수 없습니다. 가끔 집사람과 칠 때는 연애시절로 되돌아간 것 같기도 하고요.

아나운서 : 말씀 잘 들었습니다. 바쁘신 중에도 이렇게 나와 주셔서 감사합니다.

■ 셋째 마당 (90쪽)

사원 여러분 안녕하셨습니까? 오늘 이 자리는 그간 같은 건물에서 근무하면서도 자주 만나지 못했던 사원들끼리 서로 얼굴도 보고 인사를 나누고, 또 친목도 도모하고 새로 생긴 사내 동호회도 소개할 겸해서 자리를 마련했습니다.
우리 회사는 사원들의 취미활동에 물심양면으로 적극 지원을 아끼지 않는 회사로 유명합니다. 따라서 동호회가 출발한 역사는 짧습니다만 그 활동에 있어서는 그 누구에게도 지지 않는다고 생각합니다. 새로 출발하는 동호회들의 활동에 많은 관심과 참여를 부탁드립니다. 그럼 각 동호회의 소개를 들어보도록 하겠습니다.

동호회 1.
안녕하십니까? 여러분, 운동 좋아하십니까? 역시 운동하면 축구죠. 저희 조기 축구회는 매주 토요일 아침에 축구장에 모여 축구 경기를 합니다. 같이 땀 흘리며 뛰고 몸을 부딪치면서 서로의 우정을 쌓아 가지 않으시겠습니까? 아쉽게도 아직 여성 회원은 모집하고 있지 않습니다.

동호회 2.
와인 좋아하십니까? 예전엔 사업을 하기 위해서 골프를 꼭 쳐야 한다고 했습니다. 그러나 요즘은 와인을 모르고서는 대화에 낄 수 없는 자리가 점차 많아지는 것 같습니다. 그 정도로 우리 생활에 포도주가 친숙한 술이 되었습니다. 여자 친구나 아내와의 분위기 있는 한 잔. 그것만으로도 충분하지 않습니까?

동호회 3.
여러분은 언제 행복하십니까? 맛있는 것을 먹을 때 행복을 느끼시는 분 안 계십니까? 그냥 아무거나 대충 먹자는 말에 짜증이 나신다면 생각하실 필요도 없습니다. 뛰어난 미각을 소유한 미식가들이 모였습니다. 음식을 같이 나눠 먹는 좋은 친구를 사귀고 싶지 않으십니까?

동호회 4.
서민들에게 내 집 마련은 멀기만 합니다. 하지만 내 집 마련의 지름길은 반드시 있습니다. 길을 잃거나 잘못 들지 않는다면 말입니다. 부동산과 주식 투자 정보를 함께 공유해서 지름길을 찾아가는 모임이 여기 있습니다. 부자되고 싶으신 분, 꼭 오십시오.

동호회 5.
우리 주변엔 우리의 손길을 필요로 하는 사람들이 많습니다. 작은 도움이 큰 행복으로 자랄 수 있습니다. 특별한 기술이 없어도 됩니다. 장애인 시설을 방문하여 청소나 빨래, 식사 준비, 말 친구가 되어 주면 됩니다. 자원 봉사에 동참하실 분 많은 참여 바랍니다.

동호회 6.
바쁜 일 때문에 자녀들과의 대화는 커녕 얼굴을 볼 시간조차 없는 게 우리의 현실입니다. 서로 바쁘게 지내다 보면 어느 날 갑자기 아이들은 낯선 청년이 되어 있을지도 모릅니다. 함께 한 시간과 경험이 가족을 이어주는 튼튼한 줄이 되어 줄 것입니다. 함께 의논하고 고민해서 만든 가구로 집안을 꾸며 보십시오. 뭔가를 만들면서 스트레스도 해소하고, 자녀들과 부인의 얼굴에 웃음도 선물해 주십시오.

18과 음식이 보약입니다

■ 첫째 마당 (92~93쪽)

|1| 남자 : 어! 우유 맛이 왜 이래?
여자 : 어제 사다 넣어 놓은 건데.
남자 : 유통 기한이 3일이나 지났어.

|2| 여자 : 국이 식었네요. 데워다 드릴까요?
남자 : 전 뜨거운 거 잘 못 먹어요. 밥이 뜨거우니까 국에 말아 먹을게요.

|3| 남자 : 아까까지만 해도 괜찮았는데 갑자기 팔, 다리하고 머리에 뭐가 막 났어. 가려워 죽겠어.
여자 : 너 점심에 뭐 먹었어?
남자 : 생선구이.
여자 : 아무래도 음식 때문인 것 같다. 전에도 뭐 먹고 두드러기 난 적 있어?
남자 : 글쎄, 이런 적이 없었는데. 어떡하지?
여자 : 물을 많이 마시도록 하고, 못 참겠으면 병원에 한 번 가 봐.

|4| 의사 : 검사결과 별 이상은 없습니다. 다만 콜레스테롤 수치가 좀 높으니까 음식 조심하세요.
환자 : 어떤 음식이요?
의사 : 야채 위주로 드시고요. 고기를 드시더라도 기름기가 많은 소고기나 돼지고기보다는 생선을 드시고, 식물성 단백질인 콩을 많이 드시면 더 좋지요.

|5| 남자 : 국 간 좀 봐 줄래?
여자 : 좀 짜지 않니?

■ 둘째 마당 (94쪽)

1

여러분, 오늘은 돼지고기 김치찌개를 만드는 법을 배워보도록 하겠습니다. 자, 그럼 먼저 재료를 말씀드리겠습니다.
먼저 배추김치 1/4포기, 돼지고기 100g을 준비하세요. 돼지고기는 기름이 좀 있는 것이 좋아요. 그리고 두부 반 모, 굵은 파 조금하고 고춧가루, 식용유 , 국간장도 준비하시고요. 고기를 양념해야 하니까 다진 마늘과 후춧가루도 준비해 놓으세요.
준비가 다 되었으면 잘 익은 배추김치와 두부, 파를 먹기 좋은 크기로 써세요. 다음에 돼지고기는 먹기 좋은 크기로 썰어서 다진 마늘 1 큰 술, 다진 생강 1 작은 술, 후춧가루 조금 넣어 양념하세요.
냄비가 뜨거워지면 기름을 넣고 양념한 돼지고기를 넣어 볶다가 익기 시작하면 김치를 넣고 볶으세요.
김치가 부드럽게 익으면 물 2컵을 붓고 고춧가루를 넣어 끓이세요. 국물이 팔팔 끓으면 두부와 파를 넣어 더 끓인 후 국간장으로 간을 맞추면 됩니다.

2

외국인들에게 한국하면 뭐가 제일 먼저 생각나냐고 질문하면 열명 중 여덟 아홉 명은 김치라고 대답할 것입니다.
발효식품인 김치는 알칼리 식품으로 열량이 높지 않고 비타민, 무기질, 섬유질도 풍부합니다. 또한 고추에 많은 캅사이신 성분이 지방을 태워 비만에 효과가 있고, 마늘에 많은 알리신 성분이 암을 예방한다는 것이 과학적으로 증명됨으로써 이 모든 것이 포함된 김치가 요즘 건강식으로도 인기를 얻고 있습니다.
한국인의 식탁에서 하루도 빠지지 않는 김치는 단순히 음식으로서만 끝나지 않고 언어생활에도 영향을 주었습니다. 그 한 예를 어린이들의 놀이문화에서 찾아볼 수 있습니다. 아이들이 놀이를 할 때 홀수가 되어 짝이 맞지 않을 경우, 남는 한 아이를 깍두기라 하여 이편 저편에 다 끼워줘 같이 놀았습니다. 그런데 요즘 들어선 짧은 스포츠형 머리가 깍두기하고 모양이 닮았다 하여 그런 머리 모양을 깍두기머리라고도 합니다.

■ 셋째 마당 (95쪽)

아나운서 : 옛날부터 우리나라에서는 사람들을 체질적인 특성에 따라 4가지로 나누고, 그에 따라 병을 진단하고 치료하는 한국만의 독특한 의학이 발달했습니다. 또 각 체질마다 공통되는 성격과 맞는 음식이 있다고 생각했습니다. 이러한 생각은 한의학뿐만 아니라 우리의 식생활 등 여러 분야에서 지금도 많은 영향을 주고 있습니다. 특히 건강과 웰빙에 대한 일반인들의 관심이 높아지면서 사상 체질에 대한 관심 또한 높아지고 있습니다. 그래서 오늘은 각 체질의 특성과 그에 맞는 음식을 알아보는 시간을 갖도록 하겠습니다. 오늘 도움 말씀을 주실 이제마 한의사님께서 함께 자리해 주셨습니다.

한 의 사 : 안녕하십니까? 여러분께서도 이미 대충은 좀 알고 계시겠지만 간단하게 각 체질에 따른 특성을 설명해 보도록 하겠습니다.

사람의 체질을 크게 4가지로 나누면 태양인, 태음인, 소양인, 소음인으로 나누어집니다. 그림을 보면서 간단하게 설명 드리겠습니다.

먼저 태양인에 대해 말씀드리면 태양인은 하체에 비해서 상체가 큰 편입니다. 간이 약하기 때문에 술을 많이 마시지 않는 것이 좋습니다. 성격은 자존심이 강하고 적극적입니다. 음식으로는 새우와 조개가 좋습니다.

태음인은 상 · 하체가 모두 발달한 편으로 대체적으로 체격이 큽니다. 폐가 약하기 때문에 담배를 안 피우는 게 좋습니다. 성격은 말이 적고 무뚝뚝해 보이지만 집중력이 강한 노력파입니다. 음식은 소고기가 좋습니다.

그리고 소양인은 상체가 발달한 역삼각형의 체형입니다. 위장은 좋은데 신장이 좀 약합니다. 성격은 솔직하고 명랑합니다. 음식은 돼지고기와 해삼이 좋습니다.

마지막으로 소음인은 하체가 상체에 비해서 발달했습니다. 몸이 차고 소화가 잘 안 되는 편입니다. 성격은 꼼꼼하고 내성적입니다. 음식은 닭고기와 인삼이 좋습니다.

아나운서 : 오늘은 각 유형의 특징과 성격, 그리고 맞는 음식에 대해서 알아봤습니다. 다음 시간에는 각 체질에 맞는 음식을 만드는 방법에 대해서 알아보겠습니다.

19과 오늘 뉴스 들으셨습니까?

■ 첫째 마당 (98쪽)

1

봄을 시샘하는 추위가 시작됐습니다. 내일 아침 서울이 영하 5도, 대관령은 영하 10도로 남해안 지역을 제외한 대부분 지역이 영하권으로 뚝 떨어지겠습니다. 또, 바람도 강하게 불면서 체감온도는 더 낮겠습니다. 하지만 이번 추위는 오래 가지 않고 낮부터는 풀릴 것으로 예상됩니다. 내일은 전국이 대체로 맑겠습니다. 아침 기온은 서울과 대전, 청주가 영하 5도로 기온이 큰 폭으로 떨어지면서 춥겠습니다. 하지만 한낮에는 영상 5도를 웃돌 것으로 보여서 일교차가 크게 벌어지겠습니다. 기상 캐스터 최유정이었습니다.

2

서울경찰청은 오늘 오전 9시부터 오후 2시까지 개최되는 중앙일보 서울마라톤대회로 서울 시내 일부 구간에서 교통이 통제된다고 밝혔습니다. 마라톤 풀코스의 경우 오전 9시 잠실 종합운동장 사거리를 출발해 잠실 주공아파트 앞 등을 지나게 됩니다. 또 10km 단축코스의 경우는 9시 20분쯤 잠실 종합운동장 사거리를 출발해 잠실 롯데백화점 사거리, 신천역 등을 지납니다. 경찰은 이 시간대에는 되도록 대중교통을 이용하고 부득이한 경우는 통제시간대를 피하고 우회해줄 것을 당부했습니다.

■ 둘째 마당 (99~100쪽)

1

|1| 오는 16일 워싱턴에서 미 · 러 정상회담을 갖고 양국 문제에 대해 논의한다고 6일 백악관이 밝혔습니다.

|2| 어젯밤 9시 45분쯤 서울 동대문구 제기동의 식료품점에서 불이 나 인근 점포 2개 30여 평을 모두 태우고 5백여 만 원의 재산 피해를 냈습니다. 불은 현장에 출동한 소방대원들에 의해 20여 분만에 꺼졌고,

화재 당시 가게가 문을 열지 않은 시각이어서 인명 피해는 없었습니다.

|3| 20대 취업자 수가 17년 전 수준으로 줄어든 것으로 나타났습니다. 통계청에 따르면 7월 한 달 20대 취업자는 428만 명으로 작년 같은 달보다 2.9% 줄어 지난 86년 수준으로 떨어졌습니다. 실업자는 4.2%가 늘어 99년 이후 가장 많은 것으로 나타났습니다.

|4| 직장인 10명 중 3명은 월급의 반 이상을 저축하고 있는 것으로 조사됐습니다. 이번 조사에서 직장인의 33%가 월급의 반 이상을 저축한다고 답한 반면 17%는 저축을 전혀 하지 않는다고 응답했습니다. 월급의 반 이상을 저축하는 비율은 여성이 남성보다 높았고 저축을 전혀 하지 않는다는 비율은 남성이 여성보다 높아 대체로 여성이 남성에 비해 저축을 많이 하는 것으로 나타났습니다.

|5| 추석을 맞아 초등학교 동문 체육대회에 참석했던 백여 명이 도시락을 먹은 뒤 집단 식중독 증세를 보여 보건 당국이 조사에 나섰습니다. 추석 연휴 첫날인 지난 17일 화순군 화순읍 모 초등학교 동문 체육대회에 참석했던 이 학교 동문과 가족 등 119명이 설사와 복통 등 식중독 증세를 보여 병원 치료를 받았습니다. 보건 당국은 이들이 먹은 도시락 반찬에 문제가 있었던 것으로 보고 정확한 식중독 감염 경로 파악에 나섰습니다.

|6| 사이버 범죄는 해마다 급증하고 있지만 이를 다룰 전문 수사 인력은 턱없이 부족한 것으로 나타났습니다. 서울경찰청의 국정감사 자료에 따르면 작년 발생한 사이버 범죄는 만4천여 건으로 2000년에 비해 무려 43배가 증가했습니다. 하지만, 이를 전담하는 경찰관 수는 2000년에 비해 2배 늘어난 데 불과했습니다. 특히, 전담 경찰 중 관련 분야 자격증을 갖춘 경찰은 절반도 안 돼, 사이버 분야에 대한 전문 수사 인력 보강이 시급한 것으로 지적됐습니다.

2

직장인 절반 이상이 사내 커플이 되는 것을 원치 않는 것으로 조사됐습니다. 한 온라인 사이트의 조사에 따르면 직장인의 56%가 사내 커플이 될 의사가 없다고 밝혔습니다. 사내 커플이 되고 싶지 않은 이유는 '헤어지면 회사 다니기가 곤란해진다' 는 응답이 가장 많았고 '주변의 관심이 부담스럽다', ' 업무에 지장을 준다' 는 답이 뒤를 이었습니다.
사내 커플이 될 경우 '당당하게 드러내겠다' 는 답변이 25%에 그친 반면, 48%는 '가까운 사람에게만 알리겠다' 고 답했고 '몰래 숨어서 만나겠다' 는 응답도 27%를 차지했습니다.

■ 셋째 마당 (101쪽)

1

앵커 : 유명 홈쇼핑이나 통신사 등을 사칭한 전화 판매 사기가 극성을 부리고 있습니다. 샘플을 무료로 받아 볼 것을 권유하고 일방적으로 대금을 청구하는 사례가 늘고 있어 주의가 요구됩니다. 보도에 김명래 기자입니다.

기자 : 사기성 전화 판매의 피해가 늘고 있습니다. 전화로 경품에 당첨됐거나 무료 샘플을 보내준다고 해 승낙했다가 피해를 보는 경우가 대부분입니다. 소비자보호원은 지난 한 달간 경품 등을 미끼로 한 사기성 전화 판매 피해 사례가 120여 건이나 접수됐다고 밝혔습니다. 이들 전화 판매 업체들은 유명 홈쇼핑 등을 사칭해 경품을 배송하고 대금을 청구하는 수법을 사용하고 있습니다. 또한 샘플을 무료로 받아볼 것을 권유하고 일방적으로 대금을 청구하는 사례도 많은 것으로 조사됐습니다. 특히 이들이 청구하는 대금은 해당 물품의 시중가보다 비싼 경우가 많아 피해가 커지고 있다고 소보원은 밝혔습니다. 이에 따라 소보원은 경품이나 무료 샘플 등에 현혹돼 주소나 인적 사항을 노출시키지 말 것을 권유했습니다. 또한 배송된 물품은 포장을 뜯었더라도 물품이 훼손되지 않았으면 구입을 취소할 수 있으니, 물품이 배송된 경우에는 물품을 훼손하지 말고 판매업자의 주소를 확인해 14일 이내에 반품 요청을 해야 한다고 당부했습니다.

2

로또복권 2등에 당첨된 20대 초반의 중소기업 직장인이 당첨금 1억 원 중 천만 원을 난치병 어린이들을 위해 기부했습니다. 로또복권 운영 기관인 국민은행은 제23회 로또

복권에 2등으로 당첨된 20대 초반 L씨가 지난 23일 난치병 어린이 치료를 위해 써달라며 당첨금 9천만 원중 1천만 원을 기부했다고 밝혔습니다.
그는 당첨 사실은 여자 친구에게만 알렸으며 나머지 당첨금은 결혼자금으로 쓸 계획이라고 밝혔습니다. 그는 10회부터 꾸준히 복권을 사 왔으며 당첨 복권을 사기 전날에는 화장실에서 오물이 쏟아지는 꿈을 꿨다고 했습니다. 한편 국민은행은 그 돈을 KBS 라디오 난치병 어린이 돕기 성금으로 전달했다고 밝혔습니다.

20과 듣기 실력을 점검해 봅시다(Ⅱ)

|1| (104~105쪽)

고객 : 저, 뭐 좀 여쭤볼 게요. 탭댄스반 강의실이 어디예요?
직원 : 강습 취소 연락 못 받으셨어요?
고객 : 못 받았는데요.
직원 : 죄송합니다. 수강 인원이 15명 이하면 강습이 개설 안 되거든요. 납부하신 강습료는 지금 환불해 드릴게요. 카드로 하셨나요? 현금으로 하셨나요?
고객 : 현금으로 냈는데요.
직원 : 영수증 가지고 계세요?
고객 : 지금 없는데요.
직원 : 그럼 성함을 말씀해 주세요. 컴퓨터에서 찾아 확인한 후에 강의료를 돌려 드릴게요.

|2|

운동을 하기 전에 준비 운동을 해서 가볍게 몸을 풀어 주셔야 합니다. 준비 운동이 별거 아닌 것 같아 보이지만 운동 중 부상을 예방해 주는 매우 중요한 역할을 합니다. 그러니까 5분이라도 꼭 하셔서 몸을 풀어 주세요.
자, 제가 앞에서 시범을 보일 테니까 잘 보고 따라 하세요. 먼저, 발을 붙이고 똑바로 서세요. 그리고 천천히 허리를 굽혀서 손바닥이 바닥에 닿도록 하세요. 이때 무릎을 굽히지 말고 펴세요. 손바닥이 바닥에 닿지 않으시면 할 수 있는 만큼만 하세요. 무리하게 억지로 하지 마세요. 다리 뒷부분이 당기시죠? 조금만 참으세요. 당기는 만큼 운동이 되는 거니까요. 하나, 두울, 세엣, 네엣, 다섯, 여섯, 일곱, 여덟, 아홉 ~ 열.
이제 어깨 넓이로 발을 벌리고 서세요. 허리를 똑바로 편 상태에서 몸을 돌려서 뒤를 보세요. 발이 땅에서 떨어지면 안 됩니다. 팔도 몸을 따라 자연스럽게 돌아갑니다. 하나, 두울, 세엣, 네엣, 다섯, 여섯, 일곱, 여덟, 아홉 ~ 열.

|3|

아나운서 : 여러분, 안녕하십니까? '퀴즈! 한국말!' 시간입니다. 오늘은 지난 주에 1승을 하신 죤슨 씨께서 2승에 도전합니다.
남　　자 : 안녕하십니까? 죤슨입니다.
아나운서 : 문제를 듣고 답을 아시면 부저를 눌러 주십시오.
1번 문제입니다. '손 없는 날' 이란 말을 아시죠? 여기서의 손은 무엇을 말합니까?
아나운서 : 2번 문제입니다. 이것은 마음먹은 것이 오래가지 못하고 쉽게 포기함을 뜻하는 단어로 4글자입니다.
아나운서 : 마지막 문제입니다. 이것은 땀을 몹시 흘리는 모양을 나타내는 단어로 2글자입니다.

|퀴즈 정답|

아나운서 : 여러분, 안녕하십니까? '퀴즈! 한국말!' 시간입니다. 오늘은 지난 주에 1승을 하신 죤슨 씨께서 2승에 도전합니다.
남　　자 : 안녕하십니까? 죤슨입니다.
아나운서 : 문제를 듣고 답을 아시면 부저를 눌러 주십시오. 1번 문제입니다. '손 없는 날' 이란 말을 아시죠? 여기서의 손은 무엇을 말합니까?
남　　자 : 답은 귀신입니다.
아나운서 : 네, 정답입니다. 손은 날짜에 따라 방향을 달리하여 다니면서 인간 생활에 해를 주는 귀신을 말하지요.
2번 문제입니다. 이것은 마음먹은 것이 오래가지 못하고 쉽게 포기함을 뜻하는 단어로 4글자입니다.
남　　자 : 답은 변덕쟁이로 하겠습니다.
아나운서 : 아쉽습니다. 정답은 작심삼일이었습니다. 변덕쟁이는 이랬다 저랬다 마음이 쉽게 변하는 사람을 뜻하는 단어죠.
남　　자 : 아~.
아나운서 : 마지막 문제입니다. 이것은 땀을 몹시 흘리는 모양을 나타내는 단어로 2글자입니다.
남　　자 : 답은 뻘뻘입니다.
아나운서 : 정답입니다.

|4|

여자 : 뭐 해?

남자 : 영어 시간에 발표할 거 준비하고 있어.

여자 : 주제가 뭔데?

남자 : 혈액형과 성격에 대해서 해 볼까 하고.

여자 : 재밌겠다. 나 무슨 혈액형이게?

남자 : 음~. A형?

여자 : 맞아. 어떻게 알았어?

남자 : 너 꼼꼼하고 차분하잖아.

여자 : 그런 편이지. 소심한 부분도 있고.

남자 : 잘 아네.

여자 : 다른 혈액형은 어떤데?

남자 : B형은 자유롭고 개성이 강하지만 좀 자기 중심적이래. 그래서 매력은 있지만 사귀기는 좀 힘든 타입일 수도 있지. O형은 활발하고 성격이 원만한 대신 좀 덜렁거리고, AB형은 보통 땐 이성적인데 가끔 알다가도 모를 행동을 잘 한다고나 할까, 뭐 그렇대.

여자 : 우리나라엔 어느 혈액형이 제일 많아?

남자 : 어느 형일 것 같아?

여자 : B형 아니야? 예전에 어디선가 본 것 같아.

남자 : A형이 제일 많고 그 다음이 O형이래. 제일 적은 건 AB형이고. 더 재미있는 것도 많아. 여기 좀 봐봐.

|5|

사회자 : 요즘 다이어트는 모든 사람의 관심사입니다. 단식, one food diet, 황제 다이어트 등 수많은 다이어트 방법 중 하나 정도 안 해 보신 분은 없을 겁니다. 오늘은 식품영양학과 한서영 교수님을 모시고 이야기를 나눠 보겠습니다.
교수님, 다이어트에서 가장 중요한 것은 뭐지요?

교 수 : 체중 감량은 천천히 해야 합니다. 갑작스런 다이어트는 건강을 해치는 역효과를 가져올 수 있습니다.

사회자 : 교수님께서도 12kg 정도 빼신 것으로 알고 있는데요.

교 수 : 제가 둘째 아이를 낳은 후 체중이 75kg까지 늘었었어요. 몸이 여기 저기 안 아픈 데가 없고 늘 기운이 없어 병원에 갔었습니다. 그 때 의사 선생님이 모든 증상이 비만에서 기인하는 것이니 14kg 정도 줄이면 괜찮아질 거라고 하셨어요. 단, 한달에 1-2kg 정도 살을 빼라고 하셨어요. 다행히 전 성공했습니다.

사회자 : 어떻게 해야 서서히 체중을 줄일 수 있는지 구체적으로 말씀해 주시겠습니까?

교 수 : 하루에 필요한 총 칼로리 중에서 300Kcal만 줄이시면 돼요.
우리가 하루 3끼 식사를 하잖아요? 밥을 드실 때마다 3숟가락만 덜어 내고 드세요. 그러면 한 달에 1kg은 빠질 거예요.

사회자 : 어떤 음식이 좋은가요?

교 수 : 무엇보다도 균형 있는 식사를 하셔야 해요. 인스턴트 음식엔 소금과 화학 조미료 등이 많이 들어 있어 건강에 좋지 않습니다. 또한 제철에 나는 것들을 드시는 게 좋습니다. 제철 과일이나 야채들은 아무래도 신선하고, 그 계절에 우리 몸에 필요한 영양분을 다량 함유하고 있기 때문이지요.
이와 함께 운동도 잊지 말고 꼭 하셔야 합니다. 운동은 요요현상을 예방해 줍니다.

사회자 : 다이어트 약을 먹는 것은 어떻습니까?

교 수 : 절대로 살 빼는 약을 먹어서는 안 됩니다. 그 약이 효과가 있다 하더라도 그 몇 배의 피해가 뒤따를 것입니다.

사회자 : 오늘 말씀 잘 들었습니다. 감사합니다.

모범 답안

1과 실용적인 선물이 좋아요

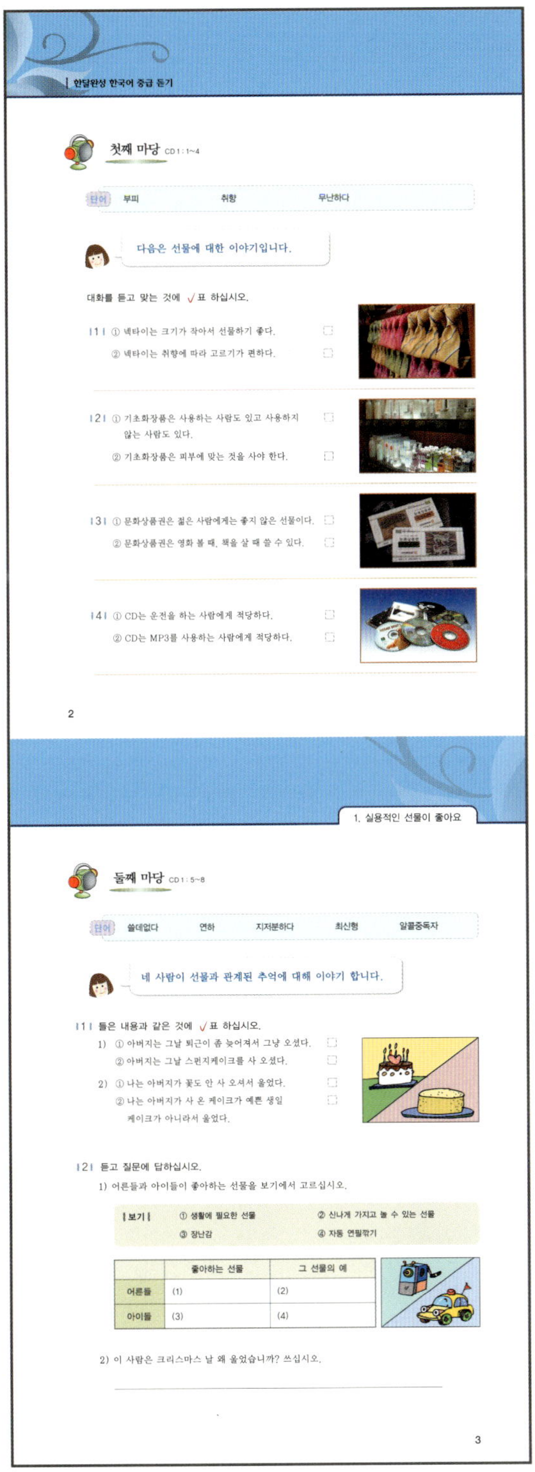
한달완성 한국어 중급 듣기

첫째 마당 CD 1 : 1~4

단어 부피 취향 무난하다

다음은 선물에 대한 이야기입니다.

대화를 듣고 맞는 것에 √표 하십시오.

|1| ① 넥타이는 크기가 작아서 선물하기 좋다.
② 넥타이는 취향에 따라 고르기가 편하다.

|2| ① 기초화장품은 사용하는 사람도 있고 사용하지 않는 사람도 있다.
② 기초화장품은 피부에 맞는 것을 사야 한다.

|3| ① 문화상품권은 젊은 사람에게는 좋지 않은 선물이다.
② 문화상품권은 영화 볼 때, 책을 살 때 쓸 수 있다.

|4| ① CD는 운전을 하는 사람에게 적당하다.
② CD는 MP3를 사용하는 사람에게 적당하다.

2

1. 실용적인 선물이 좋아요

둘째 마당 CD 1 : 5~8

단어 쓸데없다 연하 지저분하다 최신형 알콜중독자

네 사람이 선물과 관계된 추억에 대해 이야기 합니다.

|1| 들은 내용과 같은 것에 √표 하십시오.
1) ① 아버지는 그날 퇴근이 좀 늦어져서 그냥 오셨다.
② 아버지는 그날 스펀지케이크를 사 오셨다.
2) ① 나는 아버지가 꽃도 안 사 오셔서 울었다.
② 나는 아버지가 사 온 케이크가 예쁜 생일 케이크가 아니라서 울었다.

|2| 듣고 질문에 답하십시오.
1) 어른들과 아이들이 좋아하는 선물을 보기에서 고르십시오.

|보기| ① 생활에 필요한 선물 ② 신나게 가지고 놀 수 있는 선물 ③ 장난감 ④ 자동 연필깎기

	좋아하는 선물	그 선물의 예
어른들	(1)	(2)
아이들	(3)	(4)

2) 이 사람은 크리스마스 날 왜 울었습니까? 쓰십시오.

3

■ 첫째 마당

|1| ①

|2| ②

|3| ②

|4| ①

■ 둘째 마당

|1| 1) ②
2) ②

|2| 1) (1) ①
(2) ④
(3) ②
(4) ③
2) 자기가 원했던 선물을 못 받아서/산타할아버지가 내 마음을 몰라 줘서

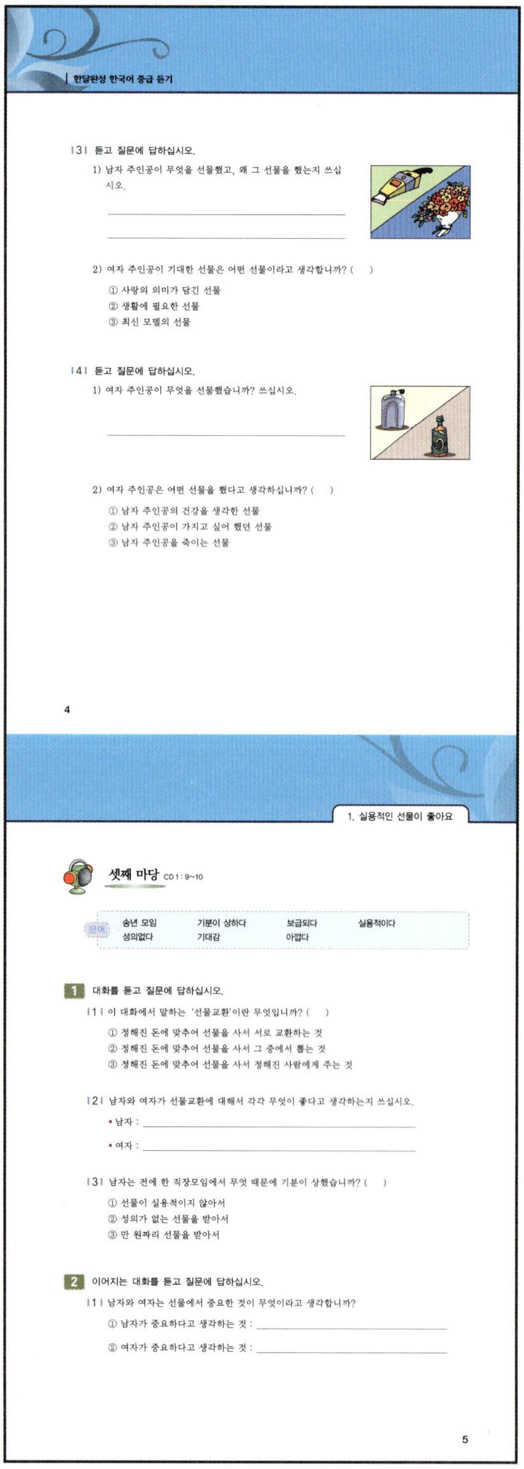
한달완성 한국어 중급 듣기

|3| 듣고 질문에 답하십시오.

1) 남자 주인공이 무엇을 선물했고, 왜 그 선물을 했는지 쓰십시오.

____

____

2) 여자 주인공이 기대한 선물은 어떤 선물이라고 생각합니까? (　)

① 사랑의 의미가 담긴 선물
② 생활에 필요한 선물
③ 최신 모델의 선물

|4| 듣고 질문에 답하십시오.

1) 여자 주인공이 무엇을 선물했습니까? 쓰십시오.

____

2) 여자 주인공은 어떤 선물을 했다고 생각하십니까? (　)

① 남자 주인공의 건강을 생각한 선물
② 남자 주인공이 가지고 싶어 했던 선물
③ 남자 주인공을 죽이는 선물

4

1. 실용적인 선물이 좋아요

셋째 마당 CD 1 : 9~10

단어: 송년 모임, 기분이 상하다, 보급되다, 실용적이다, 성의없다, 기대감, 아깝다

1 대화를 듣고 질문에 답하십시오.

|1| 이 대화에서 말하는 '선물교환'이란 무엇입니까? (　)

① 정해진 돈에 맞추어 선물을 사서 서로 교환하는 것
② 정해진 돈에 맞추어 선물을 사서 그 중에서 뽑는 것
③ 정해진 돈에 맞추어 선물을 사서 정해진 사람에게 주는 것

|2| 남자와 여자가 선물교환에 대해서 각각 무엇이 좋다고 생각하는지 쓰십시오.

• 남자 : ______________________
• 여자 : ______________________

|3| 남자는 전에 한 직장모임에서 무엇 때문에 기분이 상했습니까? (　)

① 선물이 실용적이지 않아서
② 성의가 없는 선물을 받아서
③ 만 원짜리 선물을 받아서

2 이어지는 대화를 듣고 질문에 답하십시오.

|1| 남자와 여자는 선물에서 중요한 것이 무엇이라고 생각합니까?

① 남자가 중요하다고 생각하는 것 : ______________________
② 여자가 중요하다고 생각하는 것 : ______________________

5

|3| 1) 청소기, 집이 지저분해서

2) ①

|4| 1) 예쁜 휴대용 술병

2) ②

■ 셋째 마당

1

|1| ②

|2| 남자 : 재미있었다.

여자 : 꼭 필요한 선물을 뽑았다.

|3| ②

2

|1| (1) (선물을) 주는 사람의 마음

(2) 실용적인 것/실용성

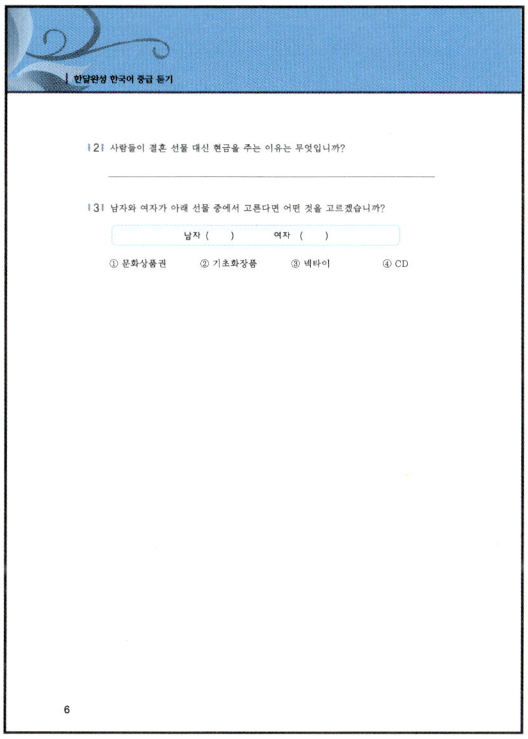
한달완성 한국어 중급 듣기

|2| 사람들이 결혼 선물 대신 현금을 주는 이유는 무엇입니까?

|3| 남자와 여자가 아래 선물 중에서 고른다면 어떤 것을 고르겠습니까?

남자 (　　)　　여자 (　　)

① 문화상품권　② 기초화장품　③ 넥타이　④ CD

6

|2| 마음에 드는 선물 고르기가 어려워서/선물을 안 쓰면 아까워서

|3| (1) 남자 : ④

(2) 여자 : ①

2과 어제 취업 설명회에 갔었어요

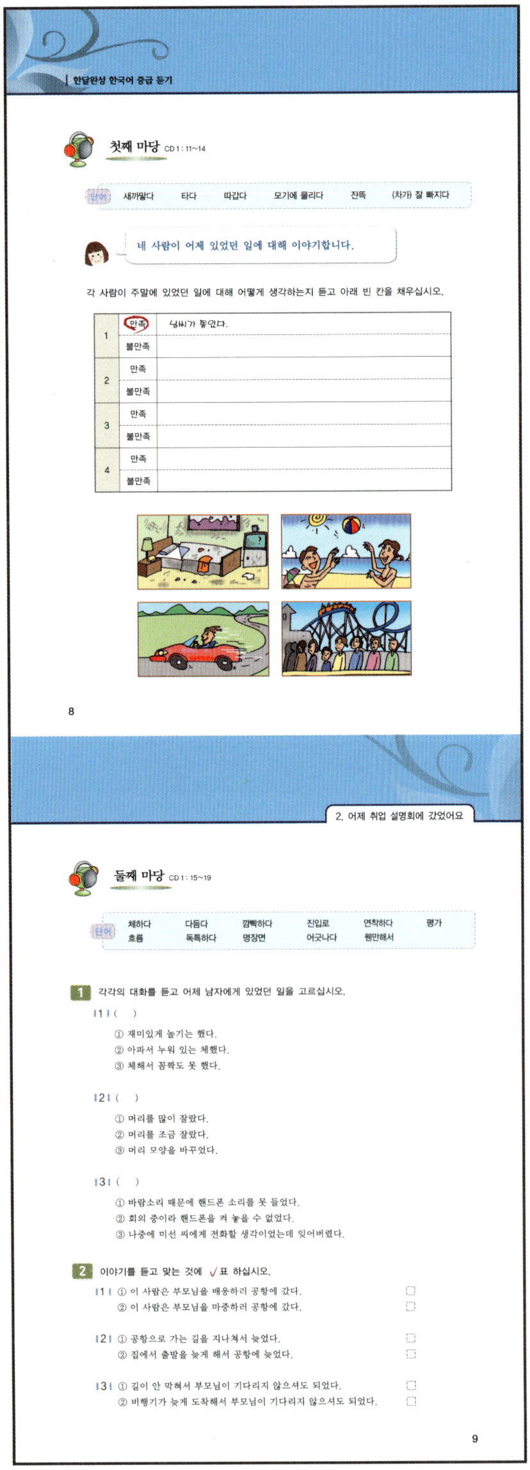

첫째 마당 CD 1 : 11~14

단어: 새까맣다 / 타다 / 따갑다 / 모기에 물리다 / 잔뜩 / (차가) 잘 빠지다

네 사람이 어제 있었던 일에 대해 이야기합니다.

각 사람이 주말에 있었던 일에 대해 어떻게 생각하는지 듣고 아래 빈 칸을 채우십시오.

1	만족	날씨가 좋았다.
	불만족	
2	만족	
	불만족	
3	만족	
	불만족	
4	만족	
	불만족	

둘째 마당 CD 1 : 15~19

단어: 체하다 / 다듬다 / 깜빡하다 / 진입로 / 연착하다 / 평가 / 흐름 / 독특하다 / 명장면 / 어긋나다 / 웬만해서

1 각각의 대화를 듣고 어제 남자에게 있었던 일을 고르십시오.

|1| ( )

① 재미있게 놀기는 했다.
② 아파서 누워 있는 체했다.
③ 체해서 꼼짝도 못 했다.

|2| ( )

① 머리를 많이 잘랐다.
② 머리를 조금 잘랐다.
③ 머리 모양을 바꾸었다.

|3| ( )

① 바람소리 때문에 핸드폰 소리를 못 들었다.
② 회의 중이라 핸드폰을 켜 놓을 수 없었다.
③ 나중에 미선 씨에게 전화할 생각이었는데 잊어버렸다.

2 이야기를 듣고 맞는 것에 √표 하십시오.

|1| ① 이 사람은 부모님을 배웅하러 공항에 갔다. ☐
② 이 사람은 부모님을 마중하러 공항에 갔다. ☐

|2| ① 공항으로 가는 길을 지나쳐서 늦었다. ☐
② 집에서 출발을 늦게 해서 공항에 늦었다. ☐

|3| ① 길이 안 막혀서 부모님이 기다리지 않으셔도 되었다. ☐
② 비행기가 늦게 도착해서 부모님이 기다리지 않으셔도 되었다. ☐

■ 첫째 마당

1	만족 (○)	날씨가 좋았다.
	불만족	
2	만족	
	불만족 (○)	숙소가 별로였다.
3	만족 (○)	길이 안 막혔다.
	불만족	
4	만족	
	불만족 (○)	오래 기다렸다.

■ 둘째 마당

1

|1| ③

|2| ②

|3| ③

2

|1| ②

|2| ①

|3| ②

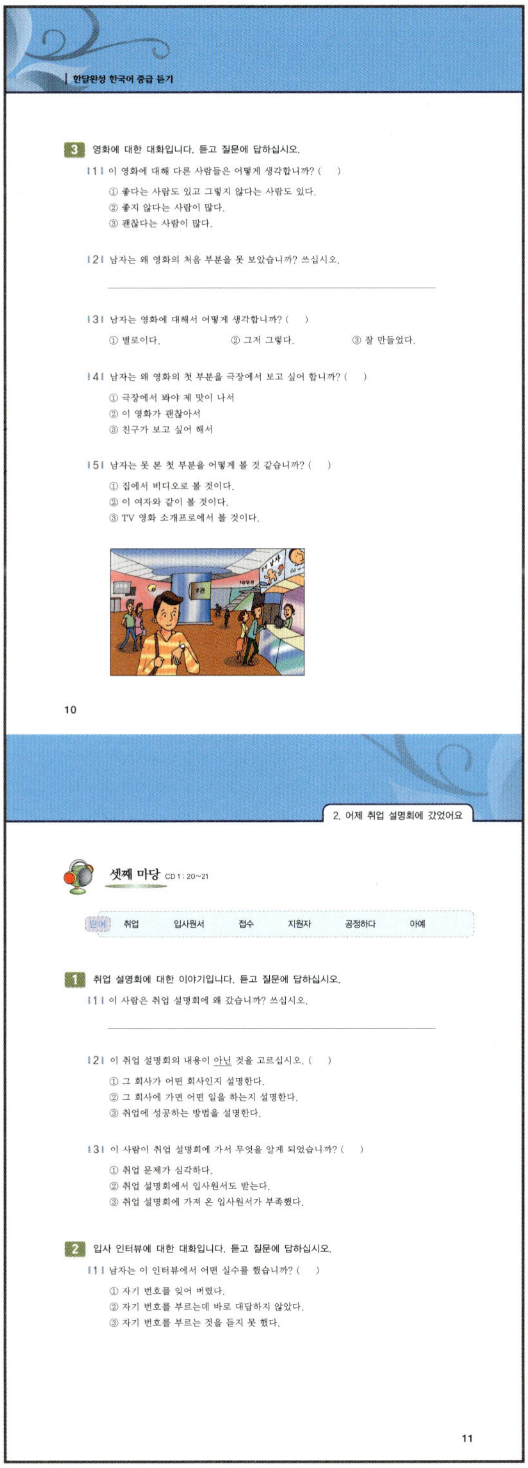

| 한달완성 한국어 중급 듣기

3 영화에 대한 대화입니다. 듣고 질문에 답하십시오.

|1| 이 영화에 대해 다른 사람들은 어떻게 생각합니까? (　)

① 좋다는 사람도 있고 그렇지 않다는 사람도 있다.
② 좋지 않다는 사람이 많다.
③ 괜찮다는 사람이 많다.

|2| 남자는 왜 영화의 처음 부분을 못 보았습니까? 쓰십시오.

|3| 남자는 영화에 대해서 어떻게 생각합니까? (　)

① 별로이다.　② 그저 그렇다.　③ 잘 만들었다.

|4| 남자는 왜 영화의 첫 부분을 극장에서 보고 싶어 합니까? (　)

① 극장에서 봐야 제 맛이 나서
② 이 영화가 괜찮아서
③ 친구가 보고 싶어 해서

|5| 남자는 못 본 첫 부분을 어떻게 볼 것 같습니까? (　)

① 집에서 비디오로 볼 것이다.
② 이 여자와 같이 볼 것이다.
③ TV 영화 소개프로에서 볼 것이다.

10

2. 어제 취업 설명회에 갔었어요

셋째 마당 CD 1 : 20~21

단어　취업　입사원서　접수　지원자　공정하다　아예

1 취업 설명회에 대한 이야기입니다. 듣고 질문에 답하십시오.

|1| 이 사람은 취업 설명회에 왜 갔습니까? 쓰십시오.

|2| 이 취업 설명회의 내용이 아닌 것을 고르십시오. (　)

① 그 회사가 어떤 회사인지 설명한다.
② 그 회사에 가면 어떤 일을 하는지 설명한다.
③ 취업에 성공하는 방법을 설명한다.

|3| 이 사람이 취업 설명회에 가서 무엇을 알게 되었습니까? (　)

① 취업 문제가 심각하다.
② 취업 설명회에서 입사원서도 받는다.
③ 취업 설명회에 가져 온 입사원서가 부족했다.

2 입사 인터뷰에 대한 대화입니다. 듣고 질문에 답하십시오.

|1| 남자는 이 인터뷰에서 어떤 실수를 했습니까? (　)

① 자기 번호를 잊어 버렸다.
② 자기 번호를 부르는데 바로 대답하지 않았다.
③ 자기 번호를 부르는 것을 듣지 못 했다.

11

3

|1| ①

|2| 친구하고 약속이 어긋나서

|3| ③

|4| ①

|5| ②

■ 셋째 마당

1

|1| 취업 설명회를 한 번 봐 두려고

|2| ③

|3| ①

2

|1| ②

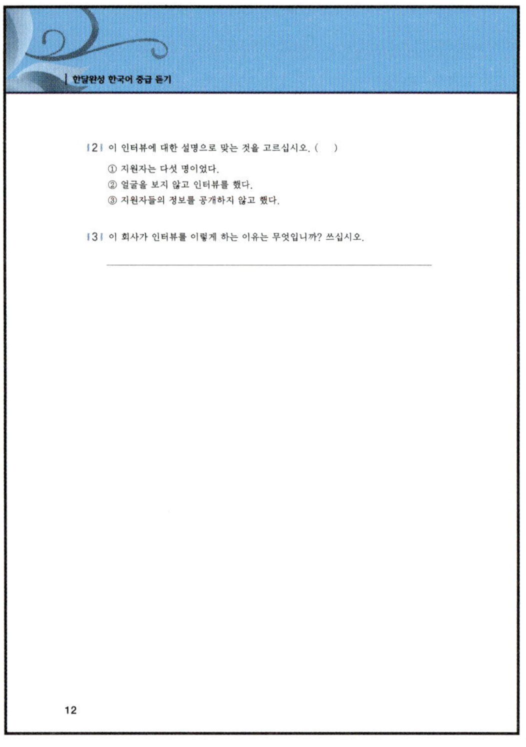
한달완성 한국어 중급 듣기

|2| 이 인터뷰에 대한 설명으로 맞는 것을 고르십시오. (　)

① 지원자는 다섯 명이었다.
② 얼굴을 보지 않고 인터뷰를 했다.
③ 지원자들의 정보를 공개하지 않고 했다.

|3| 이 회사가 인터뷰를 이렇게 하는 이유는 무엇입니까? 쓰십시오.

12

|2| ③

|3| 공정하게 하려고

3과 이러셔도 되는 거예요?

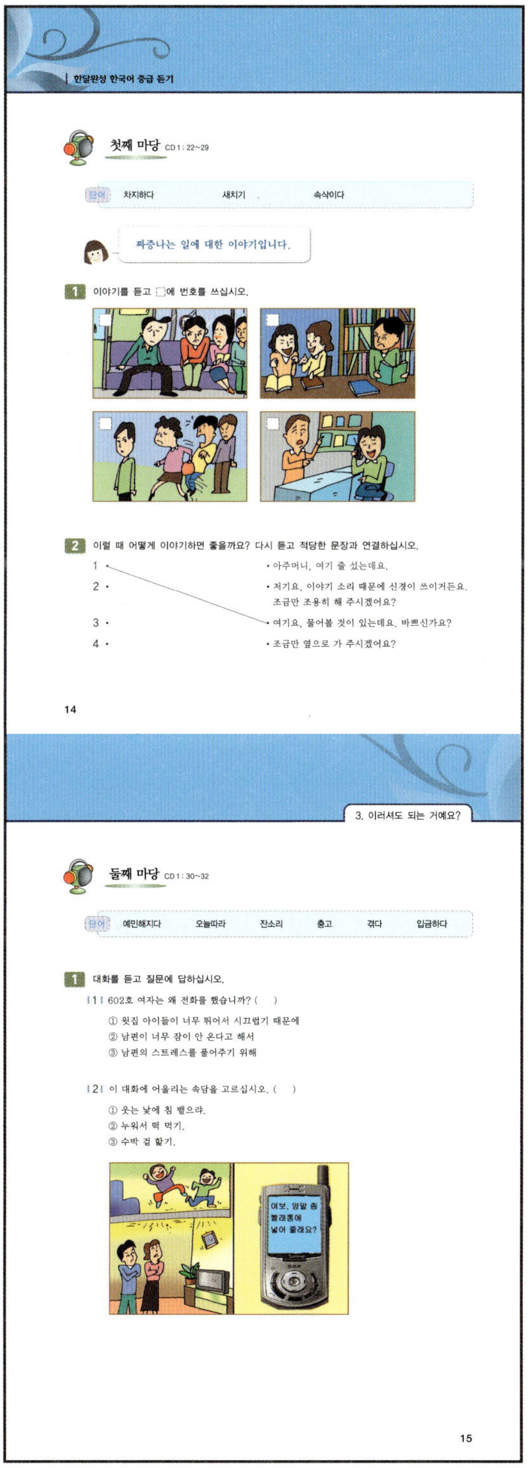
| 한달완성 한국어 중급 듣기

첫째 마당 CD 1 : 22~29

단어 차지하다 새치기 속삭이다

짜증나는 일에 대한 이야기입니다.

1 이야기를 듣고 □에 번호를 쓰십시오.

2 이럴 때 어떻게 이야기하면 좋을까요? 다시 듣고 적당한 문장과 연결하십시오.

1 • • 아주머니, 여기 줄 섰는데요.
2 • • 저기요, 이야기 소리 때문에 신경이 쓰이거든요. 조금만 조용히 해 주시겠어요?
3 • • 여기요, 물어볼 것이 있는데요. 바쁘신가요?
4 • • 조금만 옆으로 가 주시겠어요?

14

3. 이러셔도 되는 거예요?

둘째 마당 CD 1 : 30~32

단어 예민해지다 오늘따라 잔소리 충고 겪다 입금하다

1 대화를 듣고 질문에 답하십시오.

|1| 602호 여자는 왜 전화를 했습니까? ( )

① 윗집 아이들이 너무 뛰어서 시끄럽기 때문에
② 남편이 너무 잠이 안 온다고 해서
③ 남편의 스트레스를 풀어주기 위해

|2| 이 대화에 어울리는 속담을 고르십시오. ( )

① 웃는 낯에 침 뱉으랴.
② 누워서 떡 먹기.
③ 수박 겉 핥기.

15

■ 첫째 마당

1

2

1 • — • 여기요, 물어볼 것이 있는데요. 바쁘신가요?
2 • — • 아주머니, 여기 줄 섰는데요.
3 • — • 저기요, 이야기 소리 때문에 신경이 쓰이거든요. 조금만 조용히 해 주시겠어요?
4 • — • 조금만 옆으로 가 주시겠어요?

■ 둘째 마당

1

|1| ①

|2| ①

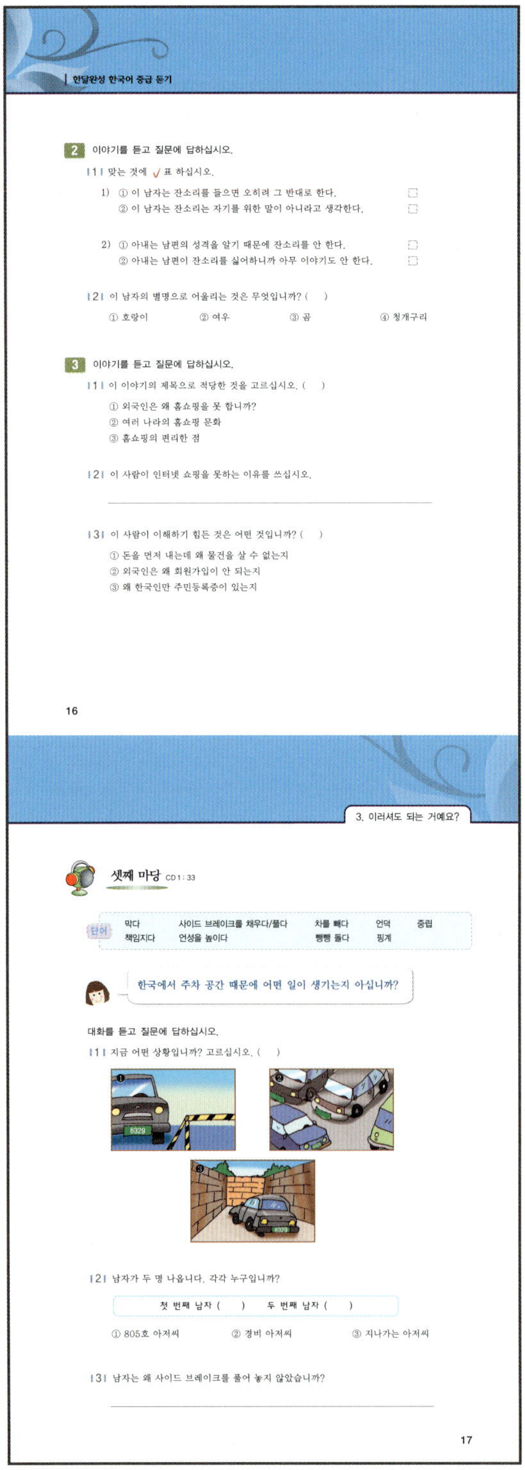

| 한달완성 한국어 중급 듣기

2 이야기를 듣고 질문에 답하십시오.

|1| 맞는 것에 √ 표 하십시오.

1) ① 이 남자는 잔소리를 들으면 오히려 그 반대로 한다. ☐
② 이 남자는 잔소리는 자기를 위한 말이 아니라고 생각한다. ☐

2) ① 아내는 남편의 성격을 알기 때문에 잔소리를 안 한다. ☐
② 아내는 남편이 잔소리를 싫어하니까 아무 이야기도 안 한다. ☐

|2| 이 남자의 별명으로 어울리는 것은 무엇입니까? (   )

① 호랑이   ② 여우   ③ 곰   ④ 청개구리

3 이야기를 듣고 질문에 답하십시오.

|1| 이 이야기의 제목으로 적당한 것을 고르십시오. (   )

① 외국인은 왜 홈쇼핑을 못 합니까?
② 여러 나라의 홈쇼핑 문화
③ 홈쇼핑의 편리한 점

|2| 이 사람이 인터넷 쇼핑을 못하는 이유를 쓰십시오.

____

|3| 이 사람이 이해하기 힘든 것은 어떤 것입니까? (   )

① 돈을 먼저 내는데 왜 물건을 살 수 없는지
② 외국인은 왜 회원가입이 안 되는지
③ 왜 한국인만 주민등록증이 있는지

16

3. 이러셔도 되는 거예요?

셋째 마당 CD 1 : 33

단어				
막다	사이드 브레이크를 채우다/풀다	차를 빼다	언덕	중립
책임지다	언성을 높이다	뺑뺑 돌다	핑계	

한국에서 주차 공간 때문에 어떤 일이 생기는지 아십니까?

대화를 듣고 질문에 답하십시오.

|1| 지금 어떤 상황입니까? 고르십시오. (   )

①   ②   ③

|2| 남자가 두 명 나옵니다. 각각 누구입니까?

첫 번째 남자 (   )   두 번째 남자 (   )

① 805호 아저씨   ② 경비 아저씨   ③ 지나가는 아저씨

|3| 남자는 왜 사이드 브레이크를 풀어 놓지 않았습니까?

____

17

2

|1| (1) ①
(2) ①

|2| ④

3

|1| ①

|2| 외국인이라 주민등록증이 없어서

|3| ①

■ 셋째 마당

|1| ②

|2| ②, ①

|3| 언덕이라서 위험해서

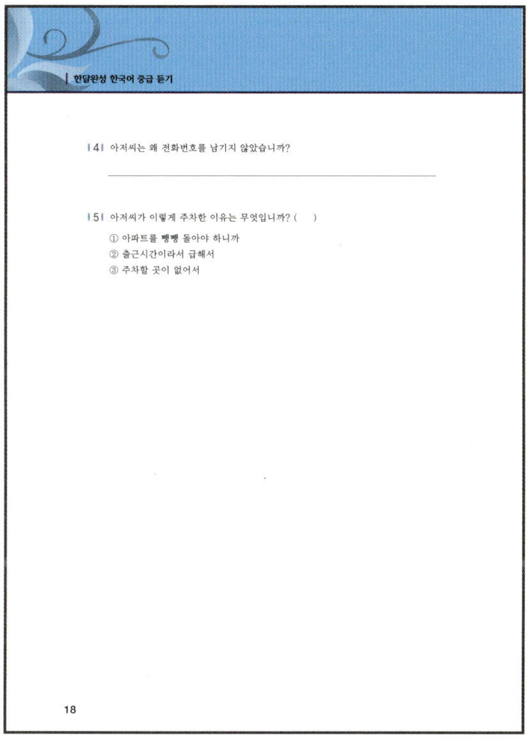

한달완성 한국어 중급 듣기

|4| 아저씨는 왜 전화번호를 남기지 않았습니까?

|5| 아저씨가 이렇게 주차한 이유는 무엇입니까? (　　)

① 아파트를 뺑뺑 돌아야 하니까
② 출근시간이라서 급해서
③ 주차할 곳이 없어서

18

|4| 핸드폰 번호를 나쁜 일에 이용할까봐

|5| ③

4과 해결 방법이 있을 거예요

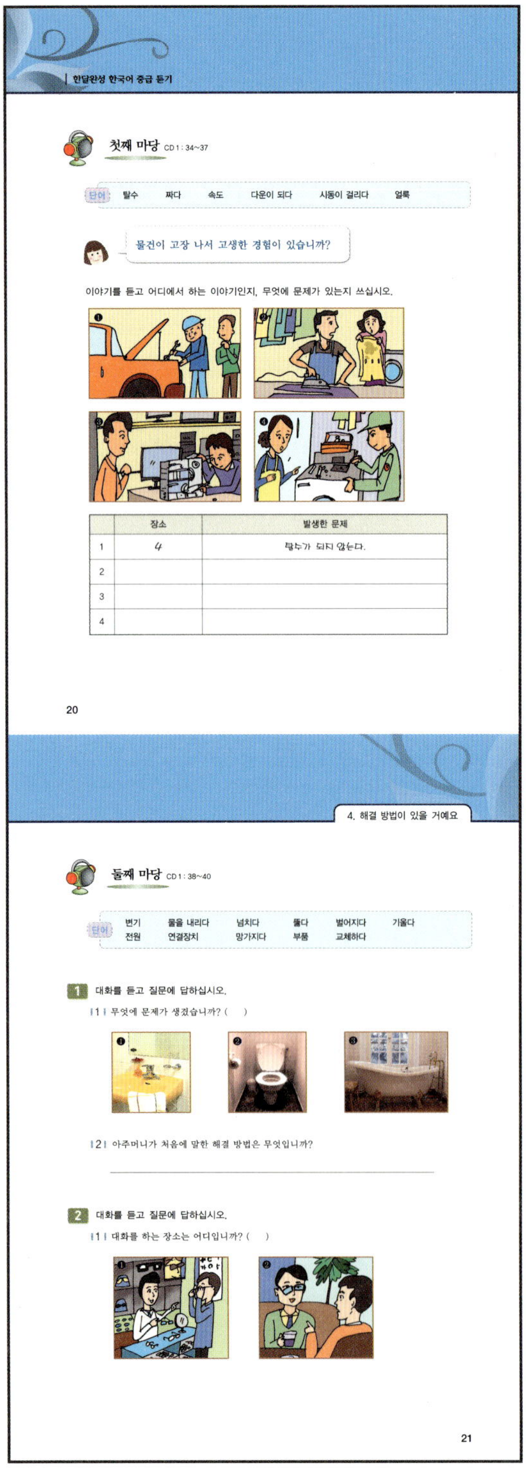

■ 첫째 마당

	장소	발생한 문제
1	4	탈수가 되지 않는다.
2	3	컴퓨터가 다운된다.
3	1	자동차가 시동이 안 걸린다.
4	2	옷에 얼룩이 남아 있다.

■ 둘째 마당

1

|1| ②

|2| 물을 내릴 때 한참 눌러 봐라.

2

|1| ①

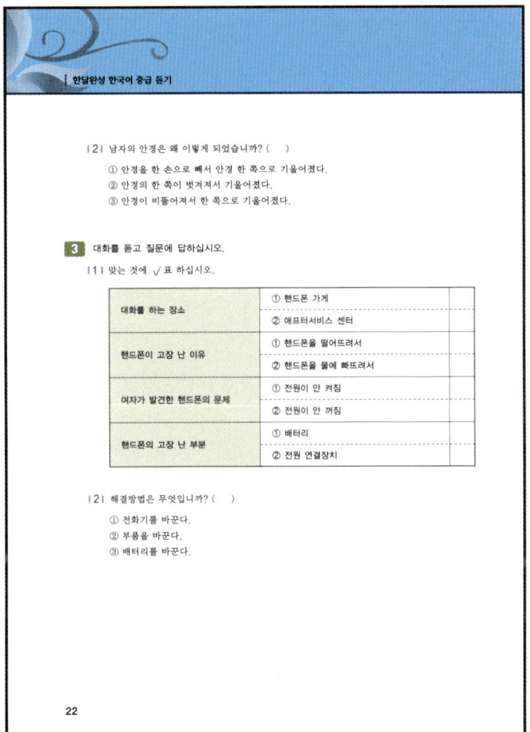

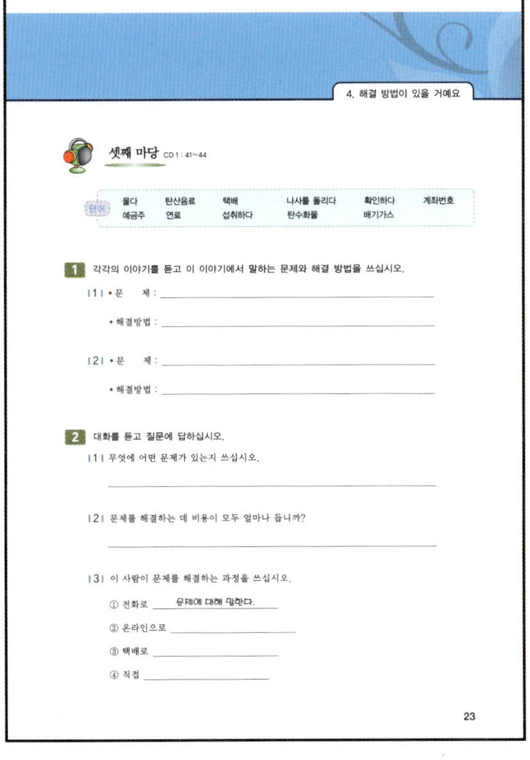

|2| ①

3

|1|

대화를 하는 장소	① 핸드폰 가게	
	② 애프터서비스 센터	√
핸드폰이 고장 난 이유	① 핸드폰을 떨어뜨려서	√
	② 핸드폰을 물에 빠뜨려서	
여자가 발견한 핸드폰의 문제	① 전원이 안 켜짐	√
	② 전원이 안 꺼짐	
핸드폰의 고장 난 부분	① 배터리	
	② 전원 연결장치	√

|2| ②

■ 셋째 마당

1

|1| 문　　제 : 양파를 썰 때 눈물이 난다.
해결방법 : 양파 조각을 입에 물고 썬다.

|2| 문　　제 : 맥주가 미지근하다.
해결방법 : 얼음을 넣는다.

2

|1| 선풍기 날개가 깨졌다.

|2| 8,000원

|3| ① 문제에 대해 말한다.
② 돈을 입금한다.
③ 물건을 받는다.
④ 갈아 준다.

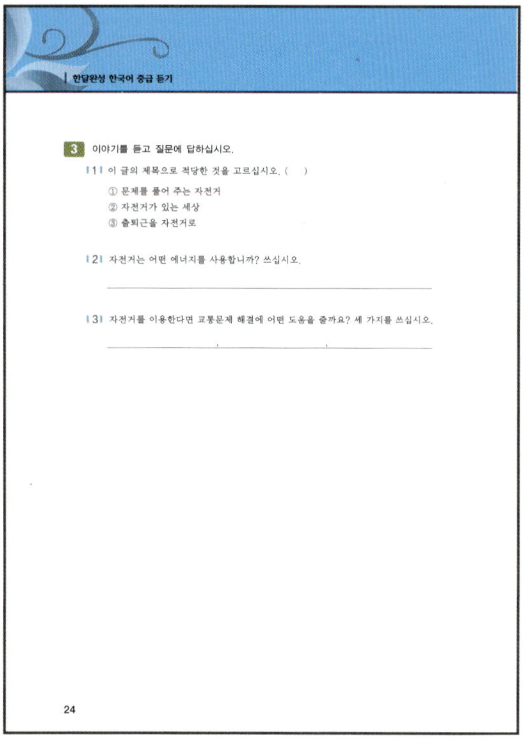

한달완성 한국어 중급 듣기

3 이야기를 듣고 질문에 답하십시오.

|1| 이 글의 제목으로 적당한 것을 고르십시오. (   )

① 문제를 풀어 주는 자전거
② 자전거가 있는 세상
③ 출퇴근을 자전거로

|2| 자전거는 어떤 에너지를 사용합니까? 쓰십시오.

|3| 자전거를 이용한다면 교통문제 해결에 어떤 도움을 줄까요? 세 가지를 쓰십시오.

24

3

|1| ①

|2| 탄수화물

|3| 주차 문제 없음, 길 막힐 걱정 없음, 도로를 넓힐 필요 없음.

5과 차이가 뭔지 설명해 주세요

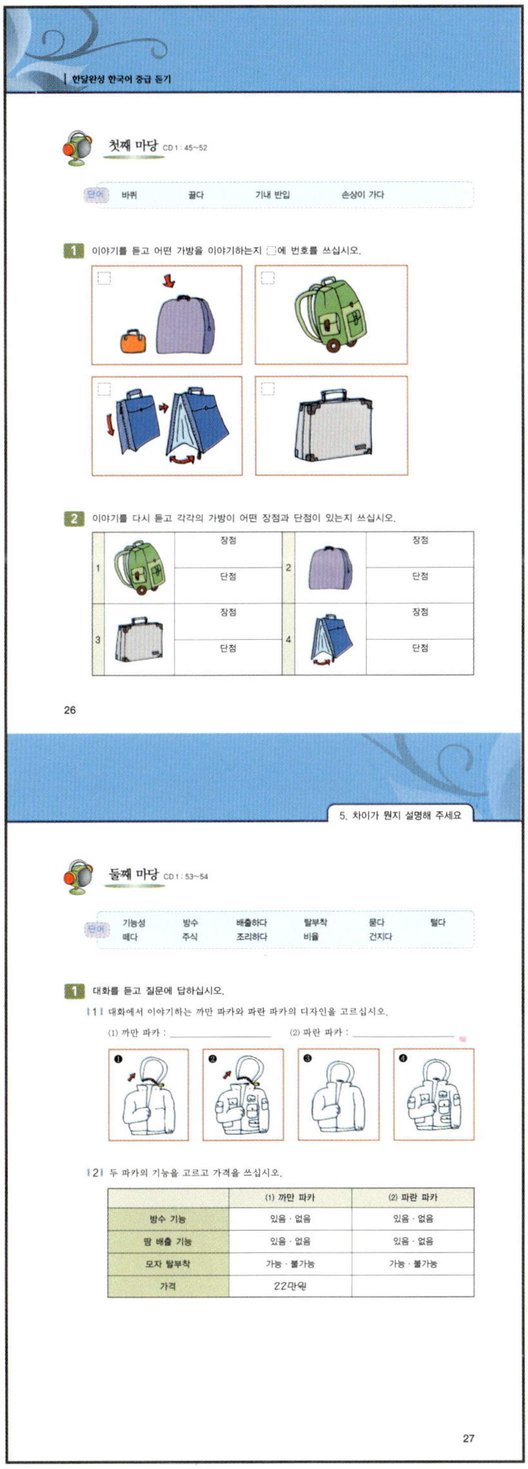

첫째 마당 CD 1 : 45~52

단어: 바퀴 / 끌다 / 기내 반입 / 손상이 가다

1 이야기를 듣고 어떤 가방을 이야기하는지 □에 번호를 쓰십시오.

2 이야기를 다시 듣고 각각의 가방이 어떤 장점과 단점이 있는지 쓰십시오.

1	장점		2	장점
	단점			단점
3	장점		4	장점
	단점			단점

둘째 마당 CD 1 : 53~54

단어: 기능성 / 방수 / 배출하다 / 탈부착 / 묻다 / 털다 / 떼다 / 주식 / 조리하다 / 비율 / 건지다

1 대화를 듣고 질문에 답하십시오.

|1| 대화에서 이야기하는 까만 파카와 파란 파카의 디자인을 고르십시오.

(1) 까만 파카 : ________ (2) 파란 파카 : ________

❶ ❷ ❸ ❹

|2| 두 파카의 기능을 고르고 가격을 쓰십시오.

	(1) 까만 파카	(2) 파란 파카
방수 기능	있음 · 없음	있음 · 없음
땀 배출 기능	있음 · 없음	있음 · 없음
모자 탈부착	가능 · 불가능	가능 · 불가능
가격	22만원	

■ 첫째 마당

1

2

|1| 장점 : 끌고 다닐 수 있다.
단점 : 무겁다.

|2| 장점 : 크기가 크다.
단점 : 기내 반입이 안 된다.

|3| 장점 : 물건에 손상이 덜 간다.
단점 : 물건이 많이 안 들어가다.

|4| 장점 : 가방의 크기가 커진다.
단점 : 좀 비싸다

■ 둘째 마당

1

|1| (1) ④
(2) ①

|2|

	(1) 까만 파카	(2) 파란 파카
방수 기능	있음	없음
땀 배출 기능	있음	없음
모자 탈부착	불가능	가능
가격	22만원	11만원

2 이야기를 듣고 질문에 답하십시오.

|1| 이 이야기의 핵심 내용은 무엇입니까? (　　)

① 쌀을 조리하는 방법에 따라 밥맛이 다르다.
② 쌀을 주식으로 하는 사람은 전 세계 인구의 35%이다.
③ 밀을 주식으로 하면서 쌀도 먹는 사람은 전 세계 인구의 반 이상이다.

|2| 한국과 이탈리아의 밥을 짓는 순서를 보기에서 골라 쓰십시오.

|보기|
㉮ 쌀과 물을 적당하게 섞어 끓입니다.
㉯ 완전히 익힌 후 쌀을 건집니다.
㉰ 불을 조절합니다.
㉱ 물이 없어질 때까지 완전히 익힙니다.
㉲ 쌀을 많은 양의 물과 함께 끓입니다.

(1) 한국 (㉮) → (　　) → (　　)
(2) 이탈리아 (㉲) → (　　)

2

|1| ①

|2| (1) 한국 : (㉮)→(㉰)→(㉱)

(2) 이탈리아 : (㉲)→(㉯)

셋째 마당 CD 1 : 55~56

단어					
꼬리를 흔들다	경계하다	기준	판단하다	대기업	조립식
성능	안정적이다	대처하다	난감해지다	초보	

1 이야기를 듣고 질문에 답하십시오.

|1| 개와 고양이의 꼬리를 흔드는 행동이 의미하는 것을 쓰십시오.

개가 꼬리를 흔드는 것 :
고양이가 꼬리를 흔드는 것 :

|2| 개와 고양이의 사이가 나쁜 이유는 무엇입니까?

|3| 이 이야기는 무엇에 대해 이야기하고자 합니까? (　　)

① 개와 고양이의 특징
② 행동과 오해의 관계
③ 인간 관계에서 오해를 줄이는 방법

|4| 개와 고양이가 싸우게 될 경우 보통 누가 먼저 공격을 받을까요?

■ 셋째 마당

1

|1| (1) 기분이 좋다.

(2) 상대방을 경계한다.

|2| 행동표현이 다르기 때문에

|3| ③

|4| 개

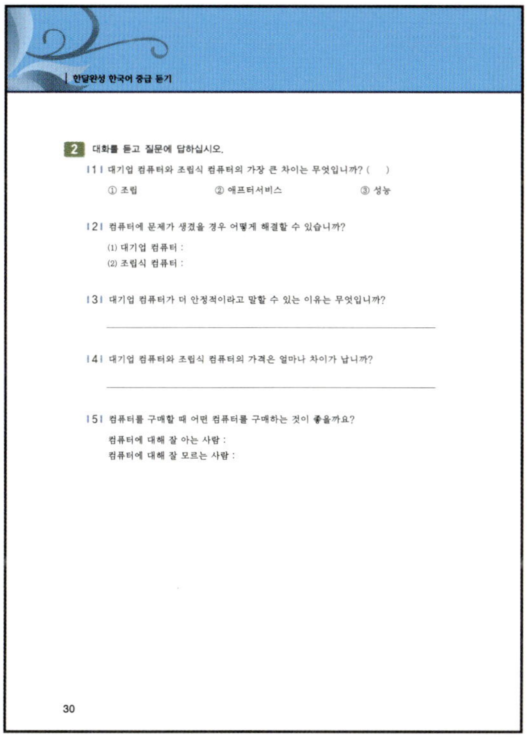

한달완성 한국어 중급 듣기

2 대화를 듣고 질문에 답하십시오.

|1| 대기업 컴퓨터와 조립식 컴퓨터의 가장 큰 차이는 무엇입니까? (   )

① 조립　　② 애프터서비스　　③ 성능

|2| 컴퓨터에 문제가 생겼을 경우 어떻게 해결할 수 있습니까?

(1) 대기업 컴퓨터 :
(2) 조립식 컴퓨터 :

|3| 대기업 컴퓨터가 더 안정적이라고 말할 수 있는 이유는 무엇입니까?

|4| 대기업 컴퓨터와 조립식 컴퓨터의 가격은 얼마나 차이가 납니까?

|5| 컴퓨터를 구매할 때 어떤 컴퓨터를 구매하는 것이 좋을까요?

컴퓨터에 대해 잘 아는 사람 :
컴퓨터에 대해 잘 모르는 사람 :

30

2

|1| ②

|2| 대기업 컴퓨터 : 전화를 하면 방문 서비스를 해 준다.
조립식 컴퓨터 : 직접 가지고 가서 고친다.

|3| 여러 번 조립 실험을 해서

|4| 대기업 컴퓨터가 20~30% 비싸다.

|5| 잘 아는 사람 : 조립식 컴퓨터
잘 모르는 사람 : 대기업 컴퓨터

6과 고민을 무척 많이 했습니다

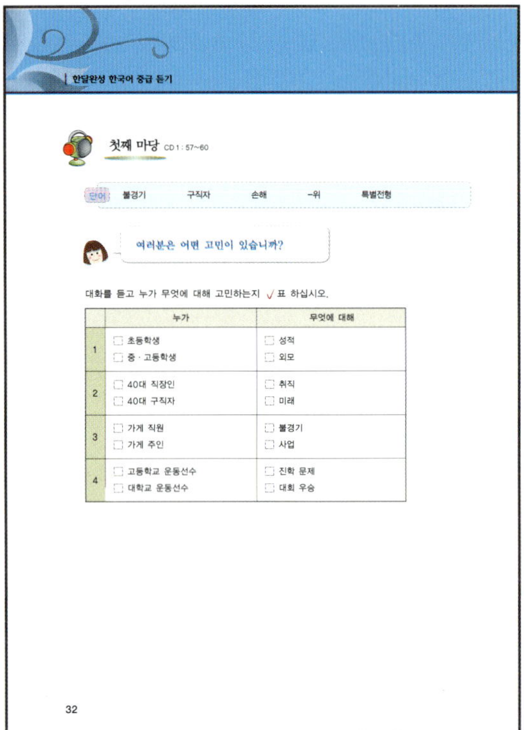

첫째 마당 CD 1 : 57~60

단어 불경기 구직자 손해 -위 특별전형

여러분은 어떤 고민이 있습니까?

대화를 듣고 누가 무엇에 대해 고민하는지 √ 표 하십시오.

	누가	무엇에 대해
1	□ 초등학생 □ 중 · 고등학생	□ 성적 □ 외모
2	□ 40대 직장인 □ 40대 구직자	□ 취직 □ 미래
3	□ 가게 직원 □ 가게 주인	□ 불경기 □ 사업
4	□ 고등학교 운동선수 □ 대학교 운동선수	□ 진학 문제 □ 대회 우승

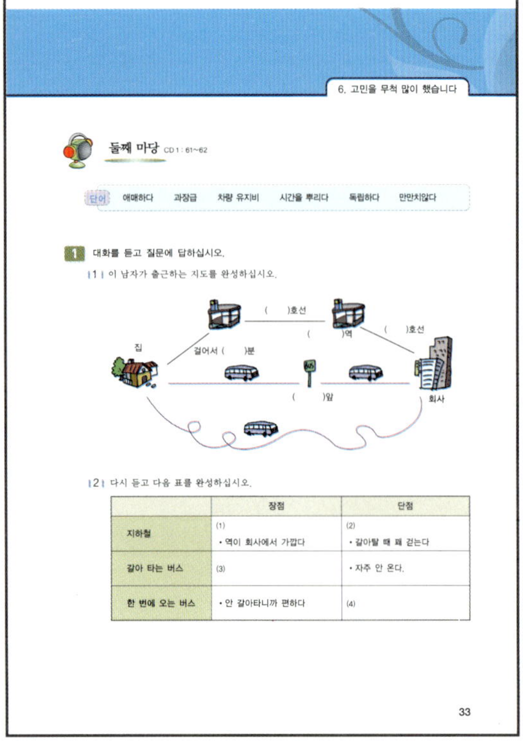

둘째 마당 CD 1 : 61~62

단어 애매하다 과장급 차량 유지비 시간을 뿌리다 독립하다 만만치않다

1 대화를 듣고 질문에 답하십시오.

|1| 이 남자가 출근하는 지도를 완성하십시오.

( )호선
( )역
( )호선
집
걸어서 ( )분
( )앞
회사

|2| 다시 듣고 다음 표를 완성하십시오.

	장점	단점
지하철	(1) • 역이 회사에서 가깝다	(2) • 갈아탈 때 꽤 걷는다
갈아 타는 버스	(3)	• 자주 안 온다.
한 번에 오는 버스	• 안 갈아타니까 편하다	(4)

■ 첫째 마당

	누가	무엇에 대해
1	□ 초등학생 ☑ 중 · 고등학생	□ 성적 ☑ 외모
2	☑ 40대 직장인 □ 40대 구직자	□ 취직 ☑ 미래
3	□ 가게 직원 ☑ 가게 주인	□ 불경기 ☑ 사업
4	☑ 고등학교 운동선수 □ 대학교 운동선수	☑ 진학 문제 □ 대회 우승

■ 둘째 마당

1

|1|

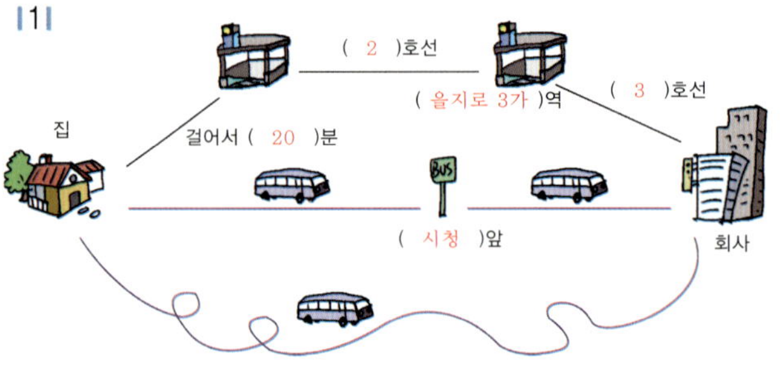

|2| (1) 빠르다.

(2) 집에서 지하철 역까지 멀다.

(3) 내린 자리에서 갈아 탄다.

(4) 많이 돈다.

2 이어지는 대화를 듣고 질문에 답하십시오.

|1| 맞으면 ○, 틀리면 ×표 하십시오.

(1) 자동차로 출퇴근해도 일찍 출발해야 한다. ( )
(2) 회사 주차장이 좁아서 매달 10만 원의 주차요금을 받는다. ( )
(3) 이 남자는 결혼을 하지 않았다. ( )
(4) 이 남자는 회사에 출퇴근하는 데 날마다 세 시간 정도를 사용한다. ( )
(5) 회사 근처로 이사하는 데는 돈이 많이 들지 않는다. ( )
(6) 요즘은 취직이 잘 되지 않는다. ( )

|2| 여자의 충고와 그 충고에 대해 남자가 제시하는 문제점을 정리하십시오.

여자의 충고	그 충고에 대해 제시한 문제점
차를 사서 직접 운전한다.	• 길이 막힌다. (1)
독립한다.	(2)
집근처 회사로 옮긴다.	(3)

셋째 마당 CD 1 : 63~65

단어					
간판	엄청나다	부서	어김없이	탈모	발모제
두피	두드리다	책임자	정리해고	형편	재취업

1 이야기를 듣고 질문에 답하십시오.

|1| 이 식당의 간판, 메뉴, 가격을 완성하십시오.

|2| 이 사람이 날마다 겪는 어려움 두 가지를 고르십시오. (,)

① 뭘 먹을 지 고민이다.
② 같이 식사하는 동료들과 의견일치가 안 된다.
③ 동료 중에 입맛이 까다로운 사람이 있다.

|3| 이 사람의 두 가지 고민을 새 식당이 어떻게 해결해 주었습니까?

2

|1| (1) ○
(2) ×
(3) ○
(4) ○
(5) ×
(6) ○

|2| (1) 주차공간이 없다.
(2) 돈이 많이 든다.
(3) 직장을 옮기는 것이 쉽지 않다.

■ 셋째 마당

1

|1|

|2| ①,②

|3| 음식이 뭔지 몰라서 고르지 않아도 된다.

| 한달완성 한국어 중급 듣기

2 이야기를 듣고 질문에 답하십시오.

|1| 이야기의 제목으로 적당한 것을 고르십시오. (   )

① 탈모의 원인
② 탈모를 예방하는 세 가지 습관
③ 두피 마사지 법

|2| 들은 내용과 <u>다른</u> 것을 고르십시오. (   )

① 스트레스와 환경오염 때문에 탈모로 고민하는 사람들이 늘고 있다.
② 하루에 머리카락이 80~100개 쯤 빠진다면 탈모로 봐야 한다.
③ 머리를 자주 감으면 머리가 더 빠진다.

3 이야기를 듣고 질문에 답하십시오.

|1| 이 사람에게 가장 힘들었던 일이란 무엇입니까? (   )

① 어느 날 갑자기 일자리를 잃은 일
② 15%의 직원을 그만 두게 한 일
③ 해고할 기준을 정한 일

|2| 이 사람은 해고된 사람을 위해서 어떤 일을 했습니까? (   )

① 해고 기준을 정했다.
② 재취업 가능한 사람을 해고했다.
③ 해고된 사람의 재취업을 도왔다.

|3| 이 사람은 다음 중 어떤 사람을 해고하지 않을까요? (   )

① 직장을 옮긴 경험이 없는 50대 직원
② 영어와 일어를 잘 하는 직원
③ 회사를 3번째 옮긴 직원

36

2

|1| ②

|2| ③

3

|1| ②

|2| ③

|3| ①

7과 노후 설계를 하셨습니까?

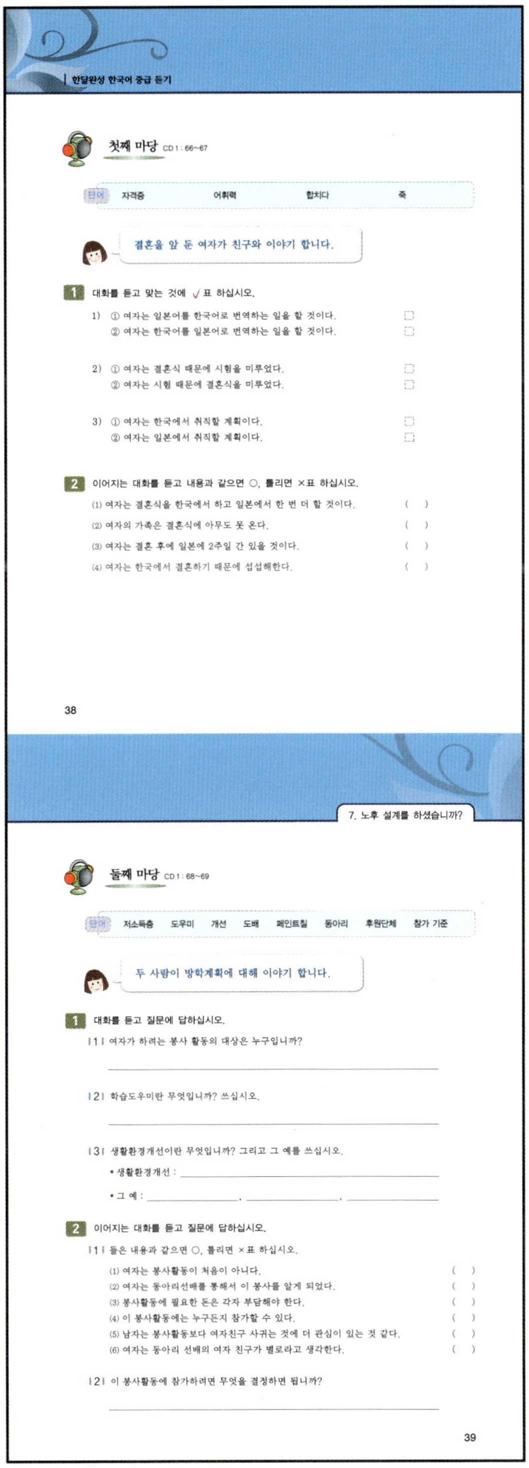

첫째 마당 CD 1 : 66~67

단어 자격증 어휘력 합치다 죽

결혼을 앞 둔 여자가 친구와 이야기 합니다.

1 대화를 듣고 맞는 것에 √ 표 하십시오.

1) ① 여자는 일본어를 한국어로 번역하는 일을 할 것이다. ☐
② 여자는 한국어를 일본어로 번역하는 일을 할 것이다. ☐

2) ① 여자는 결혼식 때문에 시험을 미루었다. ☐
② 여자는 시험 때문에 결혼식을 미루었다. ☐

3) ① 여자는 한국에서 취직할 계획이다. ☐
② 여자는 일본에서 취직할 계획이다. ☐

2 이어지는 대화를 듣고 내용과 같으면 ○, 틀리면 ×표 하십시오.

(1) 여자는 결혼식을 한국에서 하고 일본에서 한 번 더 할 것이다. ( )
(2) 여자의 가족은 결혼식에 아무도 못 온다. ( )
(3) 여자는 결혼 후에 일본에 2주일 간 있을 것이다. ( )
(4) 여자는 한국에서 결혼하기 때문에 섭섭해한다. ( )

둘째 마당 CD 1 : 68~69

단어 저소득층 도우미 개선 도배 페인트칠 동아리 후원단체 참가 기준

두 사람이 방학계획에 대해 이야기 합니다.

1 대화를 듣고 질문에 답하십시오.

|1| 여자가 하려는 봉사 활동의 대상은 누구입니까?

|2| 학습도우미란 무엇입니까? 쓰십시오.

|3| 생활환경개선이란 무엇입니까? 그리고 그 예를 쓰십시오.

• 생활환경개선 : ______

• 그 예 : ______, ______, ______

2 이어지는 대화를 듣고 질문에 답하십시오.

|1| 들은 내용과 같으면 ○, 틀리면 ×표 하십시오.

(1) 여자는 봉사활동이 처음이 아니다. ( )
(2) 여자는 동아리선배를 통해서 이 봉사를 알게 되었다. ( )
(3) 봉사활동에 필요한 돈은 각자 부담해야 한다. ( )
(4) 이 봉사활동에는 누구든지 참가할 수 있다. ( )
(5) 남자는 봉사활동보다 여자친구 사귀는 것에 더 관심이 있는 것 같다. ( )
(6) 여자는 동아리 선배의 여자 친구가 별로라고 생각한다. ( )

|2| 이 봉사활동에 참가하려면 무엇을 결정하면 됩니까?

■ 첫째 마당

1

|1| ②

|2| ②

|3| ①

2

|1| ×

|2| ×

|3| ○

|4| ×

■ 둘째 마당

1

|1| 저소득층 가정

|2| 아이들의 공부를 도와 주는 것

|3| 집을 생활하기 편하게 만들어 주는 것
㉮ 도배, 페인트칠, 수리

2

|1| (1) ×
(2) ○
(3) ×
(4) ○
(5) ○
(6) ×

|2| 봉사일정 중에서 가능한 요일과 시간을 선택한다.

셋째 마당 CD 1 : 70~71

단어

평균수명	노후설계	연금보험	가입하다	일정금액	지급되다
부담이 되다	정착하다	관련서적	실천하다	재테크	고려하다

1 여러분은 노후에 대해 생각해 보신 적이 있습니까? 노후 설계에 대한 토론을 듣겠습니다. 토론에 앞서 시민 인터뷰를 듣고 각각의 사람들이 노후 계획으로 무엇을 준비하고 있는지 연결하십시오.

시민 1 •	• 노후의 취미활동을 준비한다.
시민 2 •	• 보험에 가입한다.
시민 3 •	• 농촌 생활을 준비한다.
시민 4 •	• 돈을 모은다.

2 시민 인터뷰에 이어 세 사람이 노후 설계에 대한 토론을 하겠습니다. 듣고 질문에 답하십시오.

|1| 세 사람이 노후 설계에서 무엇이 중요하다고 이야기하는지 쓰십시오.

	노후 설계에서 중요한 것
토론자 1	
토론자 2	
토론자 3	

|2| 각 사람의 이야기를 다시 듣고 그 이야기의 중심내용을 고르십시오.

1) 토론자 1 – (　　)

① 노후 설계는 30세에 시작하면 늦는다.
② 노후 설계에서 가장 중요한 것은 돈을 마련하는 것이다.
③ 돈에 맞추어 노후 설계를 할 필요는 없다.

2) 토론자 2 – (　　)

① 돈만 충분하면 걱정할 것이 없다.
② 노후에 생활에 대한 구체적인 계획은 필요없다.
③ 노후에 무엇을 하면서 살지를 계획하는 것이 필요하다.

3) 토론자 3 – (　　)

① 노후 설계에서 가장 중요한 것은 건강관리이다.
② 건강한 노후와 그렇지 않은 노후는 차이가 있다.
③ 건강을 실천하는 사람과 그렇지 않은 사람은 차이가 난다.

3 시민 인터뷰를 다시 듣고 토론에서 말한 중요한 세 가지 중에서 어떤 것이 들어 있는지 표시하십시오.

	돈	삶	건강
시민 1	○	×	○
시민 2			
시민 3			
시민 4			

■ 셋째 마당

1

시민 1 –	보험에 가입한다.
시민 2 –	돈을 모은다.
시민 3 –	농촌 생활을 준비한다.
시민 4 –	노후의 취미활동을 준비한다.

2

|1| (1) 돈
(2) 삶
(3) 건강

|2| (1) ②
(2) ③
(3) ①

3

	돈	삶	건강
시민 1	○	×	○
시민 2	○	×	×
시민 3	×	○	×
시민 4	×	○	○

8과 수납을 하신 후에 방사선과로 가세요

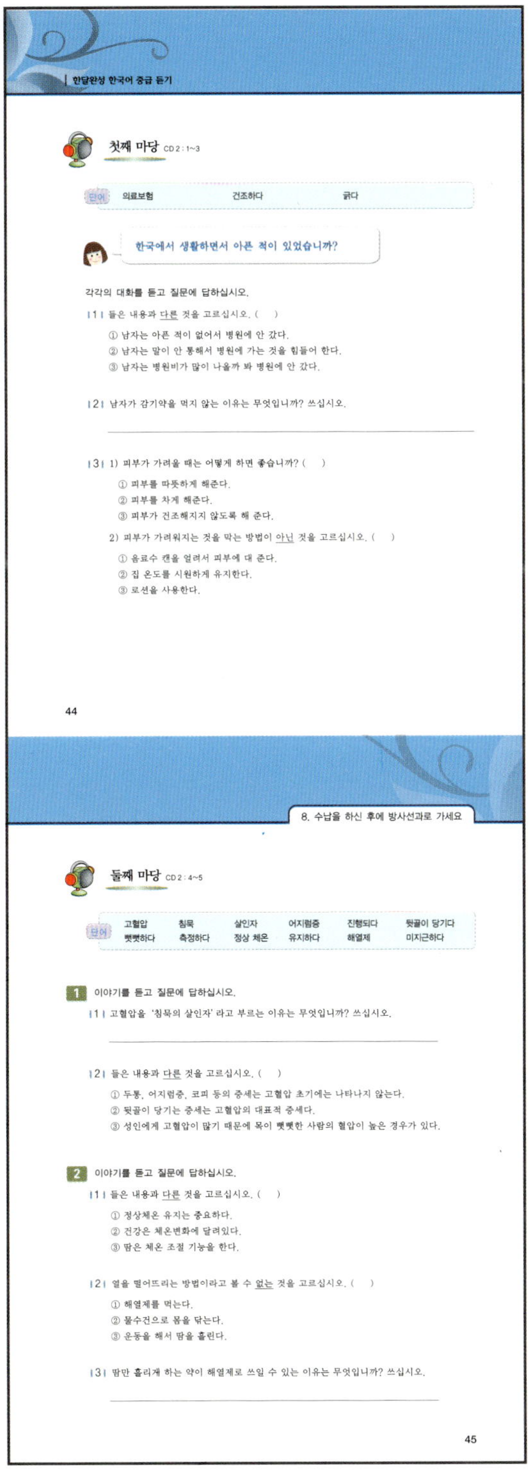
한달완성 한국어 중급 듣기

첫째 마당 CD 2 : 1~3

단어 의료보험 건조하다 긁다

한국에서 생활하면서 아픈 적이 있었습니까?

각각의 대화를 듣고 질문에 답하십시오.

|1| 들은 내용과 다른 것을 고르십시오. ( )

① 남자는 아픈 적이 없어서 병원에 안 갔다.
② 남자는 말이 안 통해서 병원에 가는 것을 힘들어 한다.
③ 남자는 병원비가 많이 나올까 봐 병원에 안 갔다.

|2| 남자가 감기약을 먹지 않는 이유는 무엇입니까? 쓰십시오.

|3| 1) 피부가 가려울 때는 어떻게 하면 좋습니까? ( )

① 피부를 따뜻하게 해준다.
② 피부를 차게 해준다.
③ 피부가 건조해지지 않도록 해 준다.

2) 피부가 가려워지는 것을 막는 방법이 아닌 것을 고르십시오. ( )

① 음료수 캔을 얼려서 피부에 대 준다.
② 집 온도를 시원하게 유지한다.
③ 로션을 사용한다.

44

8. 수납을 하신 후에 방사선과로 가세요

둘째 마당 CD 2 : 4~5

단어 고혈압 침묵 살인자 어지럼증 진행되다 뒷골이 당기다 뻣뻣하다 측정하다 정상 체온 유지하다 해열제 미지근하다

1 이야기를 듣고 질문에 답하십시오.

|1| 고혈압을 '침묵의 살인자' 라고 부르는 이유는 무엇입니까? 쓰십시오.

|2| 들은 내용과 다른 것을 고르십시오. ( )

① 두통, 어지럼증, 코피 등의 증세는 고혈압 초기에는 나타나지 않는다.
② 뒷골이 당기는 증세는 고혈압의 대표적 증세다.
③ 성인에게 고혈압이 많기 때문에 목이 뻣뻣한 사람의 혈압이 높은 경우가 있다.

2 이야기를 듣고 질문에 답하십시오.

|1| 들은 내용과 다른 것을 고르십시오. ( )

① 정상체온 유지는 중요하다.
② 건강은 체온변화에 달려있다.
③ 땀은 체온 조절 기능을 한다.

|2| 열을 떨어뜨리는 방법이라고 볼 수 없는 것을 고르십시오. ( )

① 해열제를 먹는다.
② 물수건으로 몸을 닦는다.
③ 운동을 해서 땀을 흘린다.

|3| 땀만 흘리게 하는 약이 해열제로 쓰일 수 있는 이유는 무엇입니까? 쓰십시오.

45

■ 첫째 마당

|1| ①

|2| 감기약을 치료약이라고 생각하지 않아서

|3| (1) ②

(2) ①

■ 둘째 마당

1

|1| 특별한 증상이 없어서

|2| ②

2

|1| ②

|2| ③

|3| 땀이 체온 조절기능을 하기 때문에

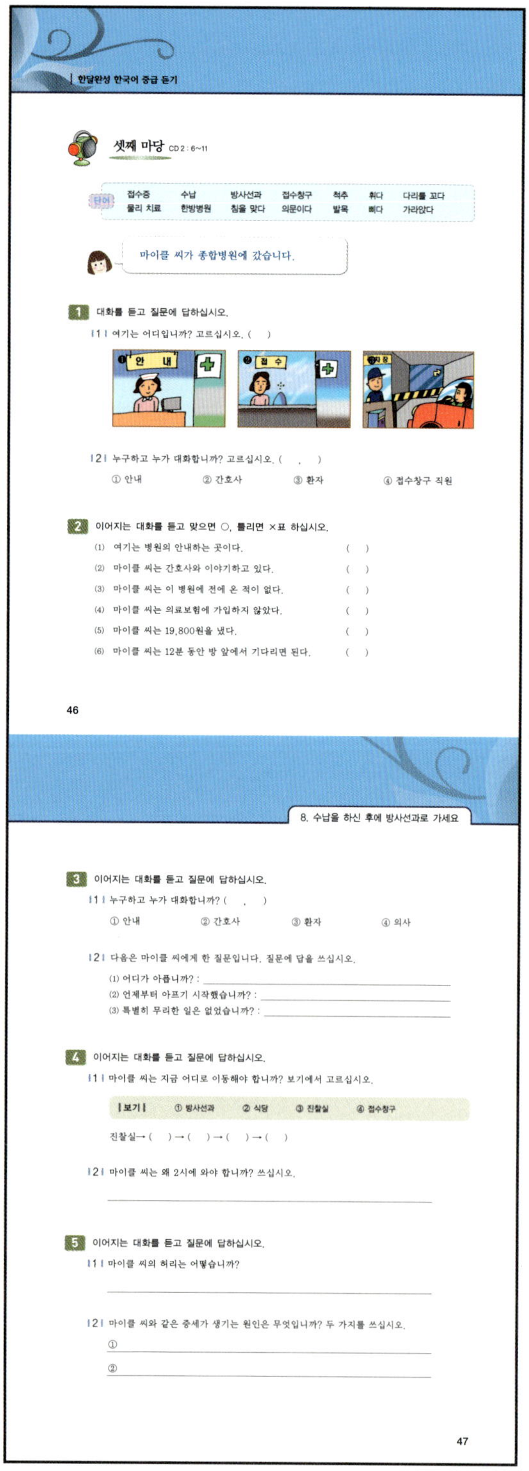

| 한달완성 한국어 중급 듣기

셋째 마당 CD 2 : 6~11

단어: 접수증 수납 방사선과 접수창구 척추 휘다 다리를 꼬다 물리 치료 한방병원 침을 맞다 의문이다 발목 삐다 가라앉다

마이클 씨가 종합병원에 갔습니다.

1 대화를 듣고 질문에 답하십시오.

|1| 여기는 어디입니까? 고르십시오. ( )

|2| 누구하고 누가 대화합니까? 고르십시오. (,)

① 안내 ② 간호사 ③ 환자 ④ 접수창구 직원

2 이어지는 대화를 듣고 맞으면 ○, 틀리면 ×표 하십시오.

(1) 여기는 병원의 안내하는 곳이다. ( )

(2) 마이클 씨는 간호사와 이야기하고 있다. ( )

(3) 마이클 씨는 이 병원에 전에 온 적이 없다. ( )

(4) 마이클 씨는 의료보험에 가입하지 않았다. ( )

(5) 마이클 씨는 19,800원을 냈다. ( )

(6) 마이클 씨는 12분 동안 방 앞에서 기다리면 된다. ( )

46

8. 수납을 하신 후에 방사선과로 가세요

3 이어지는 대화를 듣고 질문에 답하십시오.

|1| 누구하고 누가 대화합니까? (,)

① 안내 ② 간호사 ③ 환자 ④ 의사

|2| 다음은 마이클 씨에게 한 질문입니다. 질문에 답을 쓰십시오.

(1) 어디가 아픕니까? :

(2) 언제부터 아프기 시작했습니까? :

(3) 특별히 무리한 일은 없었습니까? :

4 이어지는 대화를 듣고 질문에 답하십시오.

|1| 마이클 씨는 지금 어디로 이동해야 합니까? 보기에서 고르십시오.

|보기| ① 방사선과 ② 식당 ③ 진찰실 ④ 접수창구

진찰실→( )→( )→( )→( )

|2| 마이클 씨는 왜 2시에 와야 합니까? 쓰십시오.

5 이어지는 대화를 듣고 질문에 답하십시오.

|1| 마이클 씨의 허리는 어떻습니까?

|2| 마이클 씨와 같은 증세가 생기는 원인은 무엇입니까? 두 가지를 쓰십시오.

①

②

47

■ 셋째 마당

1

|1| ①

|2| ①, ③

2

1. ×
2. ×
3. ○
4. ○
5. ○
6. ×

2

|1| ③, ④

|2| (1) 허리

(2) 일주일 전쯤부터

(3) 컴퓨터 작업을 오래 함

2

|1| ④ → ① → ② → ③

|2| 오후 진료를 2시부터 시작하니까

3

|1| 왼쪽으로 휘었다.

|2| ① 자세 ② 운동부족

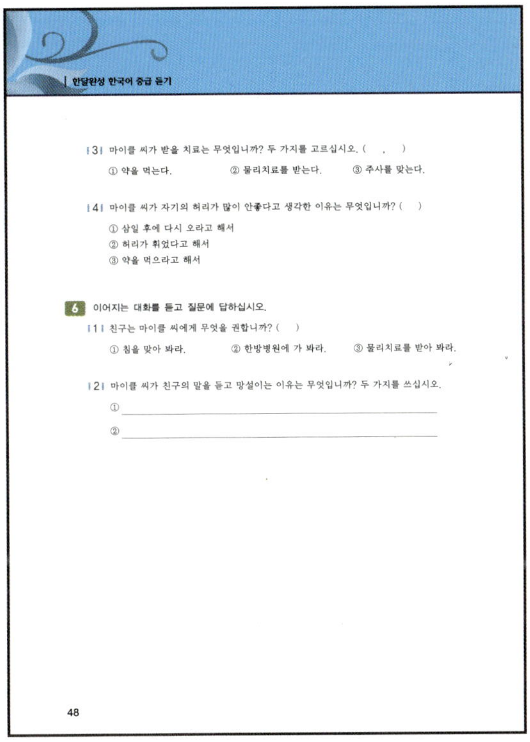
한달완성 한국어 중급 듣기

|3| 마이클 씨가 받을 치료는 무엇입니까? 두 가지를 고르십시오. (,   )

① 약을 먹는다. ② 물리치료를 받는다. ③ 주사를 맞는다.

|4| 마이클 씨가 자기의 허리가 많이 안좋다고 생각한 이유는 무엇입니까? (   )

① 삼일 후에 다시 오라고 해서
② 허리가 휘었다고 해서
③ 약을 먹으라고 해서

6 이어지는 대화를 듣고 질문에 답하십시오.

|1| 친구는 마이클 씨에게 무엇을 권합니까? (   )

① 침을 맞아 봐라. ② 한방병원에 가 봐라. ③ 물리치료를 받아 봐라.

|2| 마이클 씨가 친구의 말을 듣고 망설이는 이유는 무엇입니까? 두 가지를 쓰십시오.

① ______

② ______

48

|3| ①, ②

|4| ③

4

|1| ②

|2| ① 한방병원에 한 번도 안 가 봤다.
② 침이 효과가 있는지 의문이다.

9과 다음은 주간 연예계 소식입니다

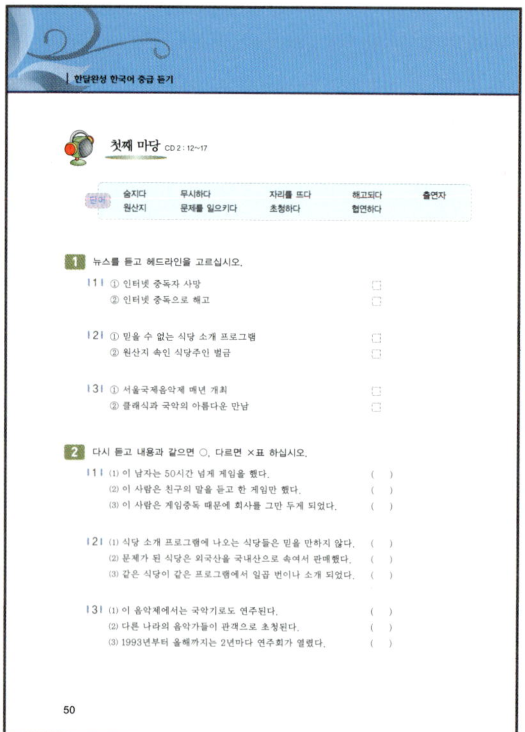

한달완성 한국어 중급 듣기

첫째 마당 CD 2 : 12~17

단어: 숨지다 / 무시하다 / 자리를 뜨다 / 해고되다 / 출연자 / 원산지 / 문제를 일으키다 / 초청하다 / 협연하다

1 뉴스를 듣고 헤드라인을 고르십시오.

|1| ① 인터넷 중독자 사망 □
② 인터넷 중독으로 해고 □

|2| ① 믿을 수 없는 식당 소개 프로그램 □
② 원산지 속인 식당주인 벌금 □

|3| ① 서울국제음악제 매년 개최 □
② 클래식과 국악의 아름다운 만남 □

2 다시 듣고 내용과 같으면 ○, 다르면 ×표 하십시오.

|1| (1) 이 남자는 50시간 넘게 게임을 했다. ( )
(2) 이 사람은 친구의 말을 듣고 한 게임만 했다. ( )
(3) 이 사람은 게임중독 때문에 회사를 그만 두게 되었다. ( )

|2| (1) 식당 소개 프로그램에 나오는 식당들은 믿을 만하지 않다. ( )
(2) 문제가 된 식당은 외국산을 국내산으로 속여서 판매했다. ( )
(3) 같은 식당이 같은 프로그램에서 일곱 번이나 소개 되었다. ( )

|3| (1) 이 음악제에서는 국악기로도 연주된다. ( )
(2) 다른 나라의 음악가들이 관객으로 초청된다. ( )
(3) 1993년부터 올해까지는 2년마다 연주회가 열렸다. ( )

50

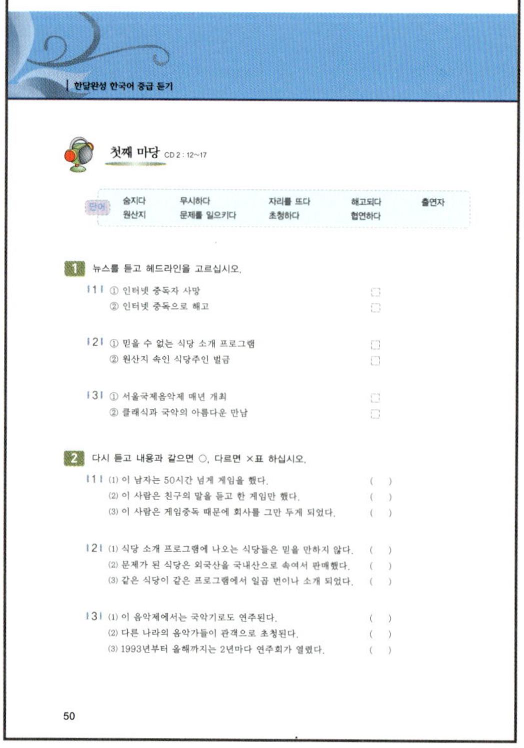

한달완성 한국어 중급 듣기

첫째 마당 CD 2 : 12~17

단어: 숨지다 / 무시하다 / 자리를 뜨다 / 해고되다 / 출연자 / 원산지 / 문제를 일으키다 / 초청하다 / 협연하다

1 뉴스를 듣고 헤드라인을 고르십시오.

|1| ① 인터넷 중독자 사망 □
② 인터넷 중독으로 해고 □

|2| ① 믿을 수 없는 식당 소개 프로그램 □
② 원산지 속인 식당주인 벌금 □

|3| ① 서울국제음악제 매년 개최 □
② 클래식과 국악의 아름다운 만남 □

2 다시 듣고 내용과 같으면 ○, 다르면 ×표 하십시오.

|1| (1) 이 남자는 50시간 넘게 게임을 했다. ( )
(2) 이 사람은 친구의 말을 듣고 한 게임만 했다. ( )
(3) 이 사람은 게임중독 때문에 회사를 그만 두게 되었다. ( )

|2| (1) 식당 소개 프로그램에 나오는 식당들은 믿을 만하지 않다. ( )
(2) 문제가 된 식당은 외국산을 국내산으로 속여서 판매했다. ( )
(3) 같은 식당이 같은 프로그램에서 일곱 번이나 소개 되었다. ( )

|3| (1) 이 음악제에서는 국악기로도 연주된다. ( )
(2) 다른 나라의 음악가들이 관객으로 초청된다. ( )
(3) 1993년부터 올해까지는 2년마다 연주회가 열렸다. ( )

50

■ 첫째 마당

1

|1| ①

|2| ①

|3| ②

2

|1| (1) ○
(2) ×
(3) ○

|2| (1) ○
(2) ○
(3) ×

|3| (1) ○
(2) ×
(3) ○

■ 둘째 마당

1

|1| 회장이 50억을 기부해서

|2| ②

|3| 공부방이 없다.

2

|1| ①

|2| ①

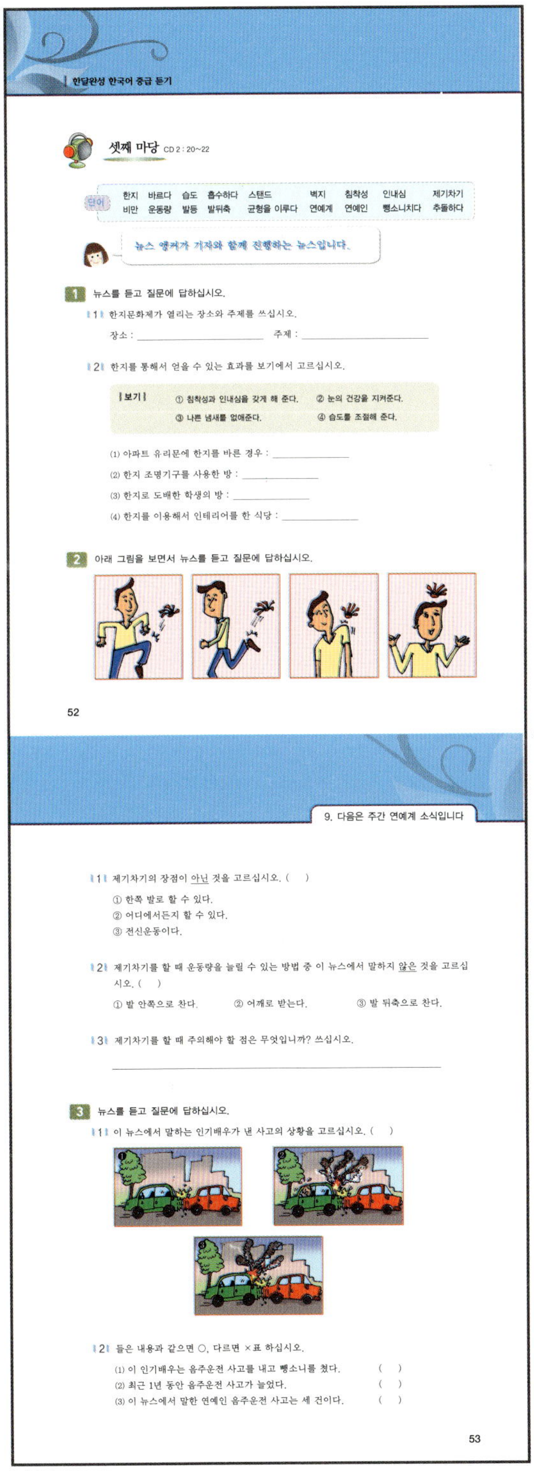

셋째 마당 CD 2 : 20~22

단어: 한지 바르다 습도 흡수하다 스탠드 벽지 침착성 인내심 제기차기 비만 운동량 발등 발뒤축 균형을 이루다 연예계 연예인 뺑소니치다 추돌하다

뉴스 앵커가 기자와 함께 진행하는 뉴스입니다.

1 뉴스를 듣고 질문에 답하십시오.

|1| 한지문화제가 열리는 장소와 주제를 쓰십시오.

장소 : ______ 주제 : ______

|2| 한지를 통해서 얻을 수 있는 효과를 보기에서 고르십시오.

|보기| ① 침착성과 인내심을 갖게 해 준다. ② 눈의 건강을 지켜준다. ③ 나쁜 냄새를 없애준다. ④ 습도를 조절해 준다.

(1) 아파트 유리문에 한지를 바른 경우 : ______

(2) 한지 조명기구를 사용한 방 : ______

(3) 한지로 도배한 학생의 방 : ______

(4) 한지를 이용해서 인테리어를 한 식당 : ______

2 아래 그림을 보면서 뉴스를 듣고 질문에 답하십시오.

|1| 제기차기의 장점이 아닌 것을 고르십시오. ( )

① 한쪽 발로 할 수 있다.
② 어디에서든지 할 수 있다.
③ 전신운동이다.

|2| 제기차기를 할 때 운동량을 늘릴 수 있는 방법 중 이 뉴스에서 말하지 않은 것을 고르십시오. ( )

① 발 안쪽으로 찬다. ② 어깨로 받는다. ③ 발 뒤축으로 찬다.

|3| 제기차기를 할 때 주의해야 할 점은 무엇입니까? 쓰십시오.

______

3 뉴스를 듣고 질문에 답하십시오.

|1| 이 뉴스에서 말하는 인기배우가 낸 사고의 상황을 고르십시오. ( )

|2| 들은 내용과 같으면 ○, 다르면 ×표 하십시오.

(1) 이 인기배우는 음주운전 사고를 내고 뺑소니를 쳤다. ( )
(2) 최근 1년 동안 음주운전 사고가 늘었다. ( )
(3) 이 뉴스에서 말한 연예인 음주운전 사고는 세 건이다. ( )

■ 셋째 마당

1

|1| 원주, 웰빙

|2| (1) ④

(2) ②

(3) ①

(4) ③

2

|1| ①

|2| ①

|3| 한쪽 발만 사용하지 말고 양쪽 발을 모두 사용해야 한다.

3

|1| ③

|2| (1) ×

(2) ○

(3) ×

10과 듣기 실력을 점검해 봅시다(Ⅰ)

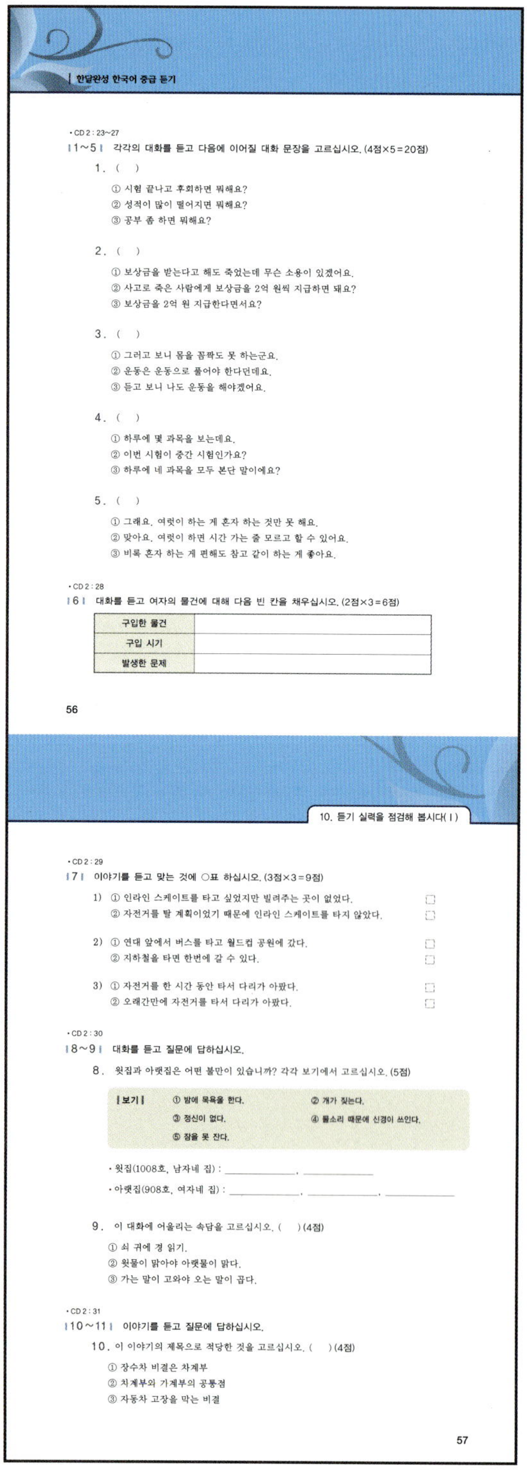

한달완성 한국어 중급 듣기

• CD 2 : 23~27

❙1~5❙ 각각의 대화를 듣고 다음에 이어질 대화 문장을 고르십시오. (4점×5=20점)

1. ( )

① 시험 끝나고 후회하면 뭐해요?
② 성적이 많이 떨어지면 뭐해요?
③ 공부 좀 하면 뭐해요?

2. ( )

① 보상금을 받는다고 해도 죽었는데 무슨 소용이 있겠어요.
② 사고로 죽은 사람에게 보상금을 2억 원씩 지급하면 돼요?
③ 보상금을 2억 원 지급한다면서요?

3. ( )

① 그러고 보니 몸을 꼼짝도 못 하는군요.
② 운동은 운동으로 풀어야 한다던데요.
③ 듣고 보니 나도 운동을 해야겠어요.

4. ( )

① 하루에 몇 과목을 보는데요.
② 이번 시험이 중간 시험인가요?
③ 하루에 네 과목을 모두 본단 말이에요?

5. ( )

① 그래요. 여럿이 하는 게 혼자 하는 것만 못 해요.
② 맞아요. 여럿이 하면 시간 가는 줄 모르고 할 수 있어요.
③ 비록 혼자 하는 게 편해도 참고 같이 하는 게 좋아요.

• CD 2 : 28

❙6❙ 대화를 듣고 여자의 물건에 대해 다음 빈 칸을 채우십시오. (2점×3=6점)

구입한 물건	
구입 시기	
발생한 문제	

56

10. 듣기 실력을 점검해 봅시다(Ⅰ)

• CD 2 : 29

❙7❙ 이야기를 듣고 맞는 것에 ○표 하십시오. (3점×3=9점)

1) ① 인라인 스케이트를 타고 싶었지만 빌려주는 곳이 없었다. ☐
② 자전거를 탈 계획이었기 때문에 인라인 스케이트를 타지 않았다. ☐

2) ① 연대 앞에서 버스를 타고 월드컵 공원에 갔다. ☐
② 지하철을 타면 한번에 갈 수 있다. ☐

3) ① 자전거를 한 시간 동안 타서 다리가 아팠다. ☐
② 오래간만에 자전거를 타서 다리가 아팠다. ☐

• CD 2 : 30

❙8~9❙ 대화를 듣고 질문에 답하십시오.

8. 윗집과 아랫집은 어떤 불만이 있습니까? 각각 보기에서 고르십시오. (5점)

❙보기❙ ① 밤에 목욕을 한다. ② 개가 짖는다. ③ 정신이 없다. ④ 물소리 때문에 신경이 쓰인다. ⑤ 잠을 못 잔다.

• 윗집(1008호, 남자네 집) : ________, ________
• 아랫집(908호, 여자네 집) : ________, ________, ________

9. 이 대화에 어울리는 속담을 고르십시오. ( ) (4점)

① 쇠 귀에 경 읽기.
② 윗물이 맑아야 아랫물이 맑다.
③ 가는 말이 고와야 오는 말이 곱다.

• CD 2 : 31

❙10~11❙ 이야기를 듣고 질문에 답하십시오.

10. 이 이야기의 제목으로 적당한 것을 고르십시오. ( ) (4점)

① 장수차 비결은 차계부
② 차계부와 가계부의 공통점
③ 자동차 고장을 막는 비결

57

❙1~5❙

1. ①
2. ①
3. ②
4. ③
5. ②

❙6❙ 청바지
지난 주
상표 있는 데가 색이 변했다.

❙7❙ 1) ①
2) ①
3) ②

❙8-9❙

8. 윗집 : ②, ③
아랫집 : ①, ④, ⑤
9. ③

❙10-11❙

10. ①

11. 차계부란 무엇입니까? 쓰십시오. (4점)

• CD 2 : 32

|12~14| 이야기를 듣고 질문에 답하십시오. (3점×3=9점)

12. 이 이야기의 제목으로 적당한 것을 고르십시오. (　)

① 선물을 주는 기쁨
② 선물의 추억
③ 선물의 선택의 기준

13. 이 사람은 선물할 때 어떤 생각을 가지면 된다고 합니까? (　)

① 선물은 비싸고 좋은 것을 해야한다.
② 선물은 받는 사람 마음에 들어야 한다.
③ 내가 받은 만큼 줘야 한다고 생각할 필요는 없다.

14. 이 사람은 무엇을 즐기는 사람입니까? 쓰십시오.

• CD 2 : 33

|15~16| 대화를 듣고 질문에 답하십시오.

15. 이 남자가 한국식당에서 음식을 먹을 때 어려운 점은 무엇입니까? (　) (4점)

① 고기를 먹기가 힘들다.
② 고기가 하나도 안 들어있는 음식을 찾기가 어렵다.
③ 한국의 고기와 이 사람 고향의 고기가 다르다.

16. 이 남자가 다음 음식들을 먹지 않는 이유는 무엇입니까? (2점×4=8점)

• 비 빔 밥 :
• 칼 국 수 :
• 순두부찌개 :
• 김 　 밥 :

• CD 2 : 34

|17| 들은 내용과 같으면 ○, 다르면 ×표 하십시오. (3점×3=9점)

(1) 하룻강아지는 태어난 지 하루 된 강아지이다. (　)
(2) 옛날에는 동물의 나이를 세는 말과 사람의 나이를 세는 말이 달랐다. (　)
(3) 이 속담은 어리고 약한 사람이 용감하게 행동하는 것을 비유한다. (　)

• CD 2 : 35

|18~19| 이야기를 듣고 질문에 답하십시오. (4점×2=8점)

18. 제목으로 적당한 것을 고르십시오. (　)

① 키가 줄어드는 것을 막는 방법
② 40세 이후 10년에 1.3cm 씩 키가 준다.
③ 키와 비타민의 관계

19. 들은 내용과 다른 것을 고르십시오. (　)

① 사람은 나이를 먹으면 청력, 기억력 등이 감소한다.
② 허리 근육을 강화하면 키가 줄어드는 속도를 늦출 수 있다.
③ 칼슘과 비타민D를 섭취하면 키가 큰다.

• CD 2 : 36

|20~21| 뉴스를 듣고 질문에 답하십시오.

20. 헤드라인으로 적당한 것을 고르십시오. (　) (5점)

① 스트레스 때문에 암이 발생한다.
② 암 발생, 스트레스와 관계없다.
③ 스트레스를 받지 않는 사람은 없다.

21. 이 암센터에서는 심한 스트레스를 받는 사람으로 어떤 사람을 골랐습니까? (　) (4점)

① 암 환자
② 자식이 죽은 부모
③ 부모가 암에 걸린 사람

11. 차와 관계있는 것을 기록한 것

|12-14|

12. ①
13. ③
14. 선물을 주는 것

|15-16|

15. ②
16. 비빔밥 : 볶은 고기가 들어 있다.
칼국수 : 국물을 고기로 만든다.
순두부찌개 : 돼지고기가 들어 있다.
김밥 : 햄이 들어 있다.

|17| (1) ×
(2) ○
(3) ×

|18-19|

18. ②
19. ③

|20-21|

20. ②
21. ②

11과 음성 메세지를 확인하십시오

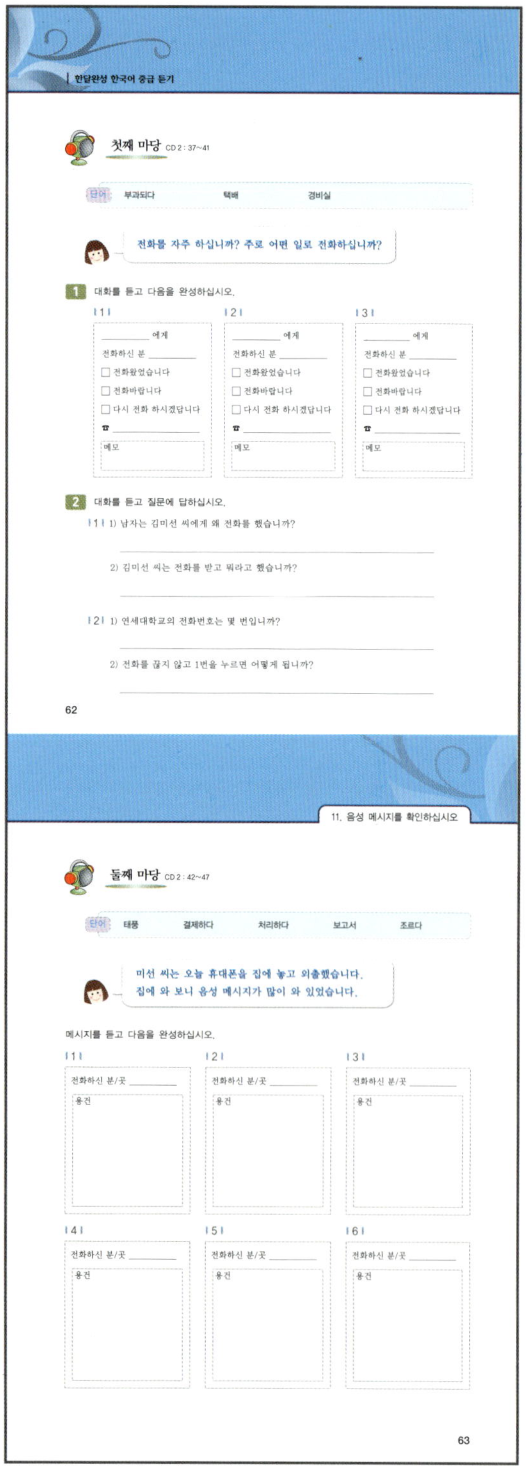

한달완성 한국어 중급 듣기

첫째 마당 CD 2 : 37~41

단어 부과되다 택배 경비실

전화를 자주 하십니까? 주로 어떤 일로 전화하십니까?

1 대화를 듣고 다음을 완성하십시오.

|1| |2| |3|

_____ 에게
전화하신 분 _____
□ 전화왔었습니다
□ 전화바랍니다
□ 다시 전화 하시겠답니다
☎ _____
메모

2 대화를 듣고 질문에 답하십시오.

|1| 1) 남자는 김미선 씨에게 왜 전화를 했습니까?

2) 김미선 씨는 전화를 받고 뭐라고 했습니까?

|2| 1) 연세대학교의 전화번호는 몇 번입니까?

2) 전화를 끊지 않고 1번을 누르면 어떻게 됩니까?

62

11. 음성 메시지를 확인하십시오

둘째 마당 CD 2 : 42~47

단어 태풍 결제하다 처리하다 보고서 조르다

미선 씨는 오늘 휴대폰을 집에 놓고 외출했습니다.
집에 와 보니 음성 메시지가 많이 와 있었습니다.

메시지를 듣고 다음을 완성하십시오.

|1| |2| |3| |4| |5| |6|

전화하신 분/곳 _____
용건

63

■ 첫째 마당

1

|1| 김영수 씨에게 박철승 씨가 고맙다는 인사를 하려고 전화했다.

|2| 이미선 씨 댁에 대학동창인 박경미 씨가 만나자고 전화해 810-4109로 전화해 달라고 부탁했다.

|3| 박철수 씨에게 컴퓨터회사에서 수리신청문제로 전화했다.

2

|1| 1) 책을 배달하러 왔는데 집에 없어서 전화
2) 경비실에 맡겨 달라고 부탁

|2| 1) 2123-3464
2) 안내받은 번호로 직접 연결되고 요금은 100원이다.

■ 둘째 마당

|1| 미영/ 출장 때문에 약속을 취소하려고

|2| 연세치과/ 예약시간을 바꿔주려고

|3| 존슨/궁금해서 안부전화

|4| 국제여행사/제주도 여행취소와 환불처리 알려주려고

|5| 경숙/책을 빌리려고

|6| 은하/남자를 소개하려고

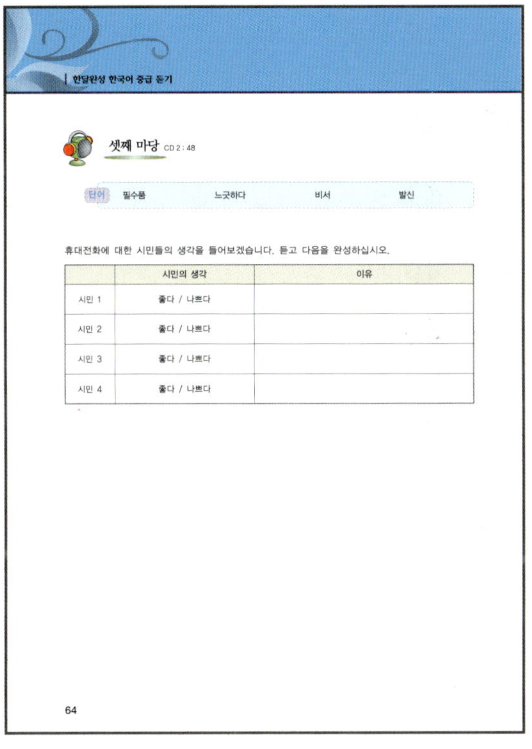
| 한달완성 한국어 중급 듣기

셋째 마당 CD 2 : 48

단어 필수품 느긋하다 비서 발신

휴대전화에 대한 시민들의 생각을 들어보겠습니다. 듣고 다음을 완성하십시오.

	시민의 생각	이유
시민 1	좋다 / 나쁘다	
시민 2	좋다 / 나쁘다	
시민 3	좋다 / 나쁘다	
시민 4	좋다 / 나쁘다	

64

■ 셋째 마당

	시민의 생각	이유
시민 1	**좋다** / 나쁘다	연락하기 쉽고, 직접 하기 힘든 얘기도 문자 메시지로 편하게 전달, 혼자가 아님확인
시민 2	**좋다** / 나쁘다	시계, 카메라, 수첩등 모든 게 다 됨
시민 3	좋다 / **나쁘다**	전화확인하는 습관이 생김
시민 4	좋다 / **나쁘다**	기대감이 사라짐

12과 제 설명이 이해가 되세요?

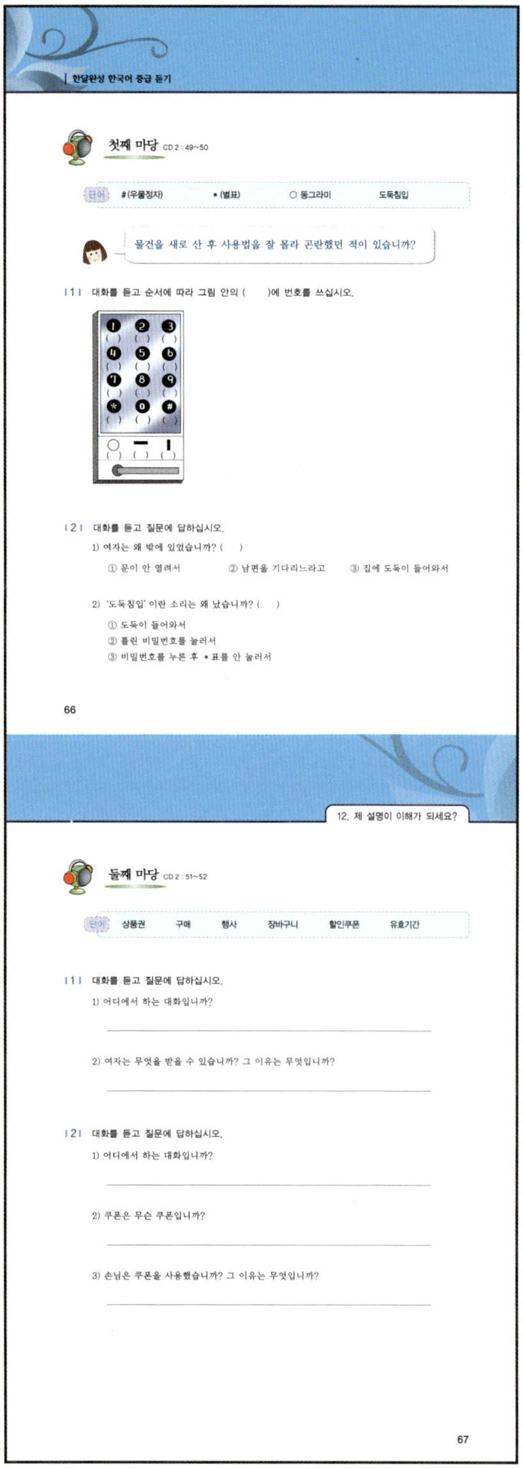

첫째 마당 CD 2 : 49~50

단어 #(우물정자) *(별표) ○ 동그라미 도둑침입

물건을 새로 산 후 사용법을 잘 몰라 곤란했던 적이 있습니까?

|1| 대화를 듣고 순서에 따라 그림 안의 ( )에 번호를 쓰십시오.

|2| 대화를 듣고 질문에 답하십시오.

1) 여자는 왜 밖에 있었습니까? ( )

① 문이 안 열려서 ② 남편을 기다리느라고 ③ 집에 도둑이 들어와서

2) '도둑침입' 이란 소리는 왜 났습니까? ( )

① 도둑이 들어와서
② 틀린 비밀번호를 눌러서
③ 비밀번호를 누른 후 *표를 안 눌러서

둘째 마당 CD 2 : 51~52

단어 상품권 구매 행사 장바구니 할인쿠폰 유효기간

|1| 대화를 듣고 질문에 답하십시오.

1) 어디에서 하는 대화입니까?

2) 여자는 무엇을 받을 수 있습니까? 그 이유는 무엇입니까?

|2| 대화를 듣고 질문에 답하십시오.

1) 어디에서 하는 대화입니까?

2) 쿠폰은 무슨 쿠폰입니까?

3) 손님은 쿠폰을 사용했습니까? 그 이유는 무엇입니까?

■ 첫째 마당

|1|

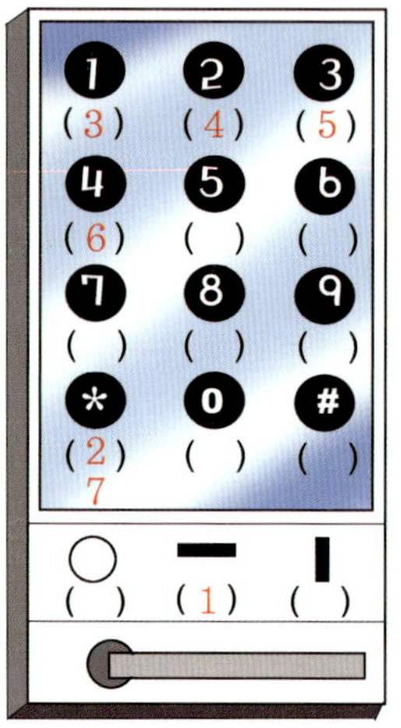

|2| 1) ①

2) ③

■ 둘째 마당

|1| 1) 백화점

2) 상품권과 장바구니, 백화점 추석맞이 행사기간에 식품부에서 15만원 이상 구매

|2| 1) 식당

2) 10% 할인쿠폰

3) 아니요, 유효기간이 지나서

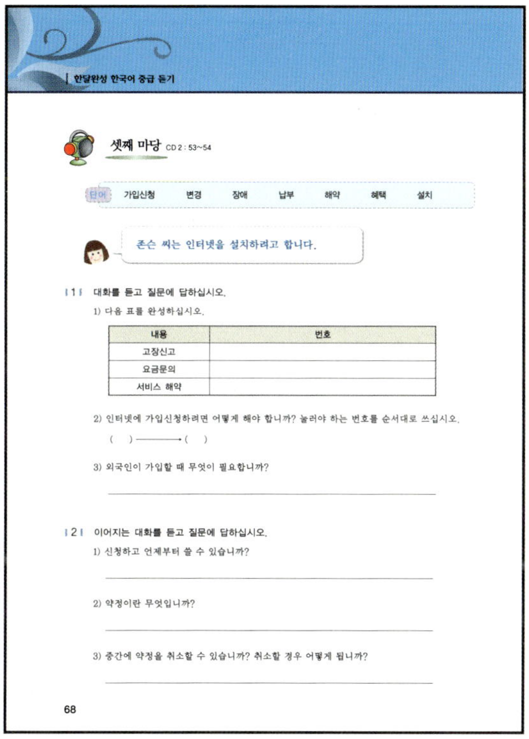

| 한달완성 한국어 중급 듣기

셋째 마당 CD 2 : 53~54

단어 가입신청 변경 장애 납부 해약 혜택 설치

존슨 씨는 인터넷을 설치하려고 합니다.

|1| 대화를 듣고 질문에 답하십시오.

1) 다음 표를 완성하십시오.

내용	번호
고장신고	
요금문의	
서비스 해약	

2) 인터넷에 가입신청하려면 어떻게 해야 합니까? 눌러야 하는 번호를 순서대로 쓰십시오.

( ) → ( )

3) 외국인이 가입할 때 무엇이 필요합니까?

|2| 이어지는 대화를 듣고 질문에 답하십시오.

1) 신청하고 언제부터 쓸 수 있습니까?

2) 약정이란 무엇입니까?

3) 중간에 약정을 취소할 수 있습니까? 취소할 경우 어떻게 됩니까?

68

■ 셋째 마당

|1| 1)

내용	번호
고장신고	2
요금문의	3
서비스 해약	4

2) 1 → 1

3) 외국인 등록증이나 다른 신분증

|2| 1) 신청 다음날

2) 미리 사용기간을 정하고 그 기간 동안 사용하는 것

3) 취소할 수 있지만 약정계약으로 할인 받은 돈을 다시 내야 함

13과 이 귀여운 아이가 바로 접니다

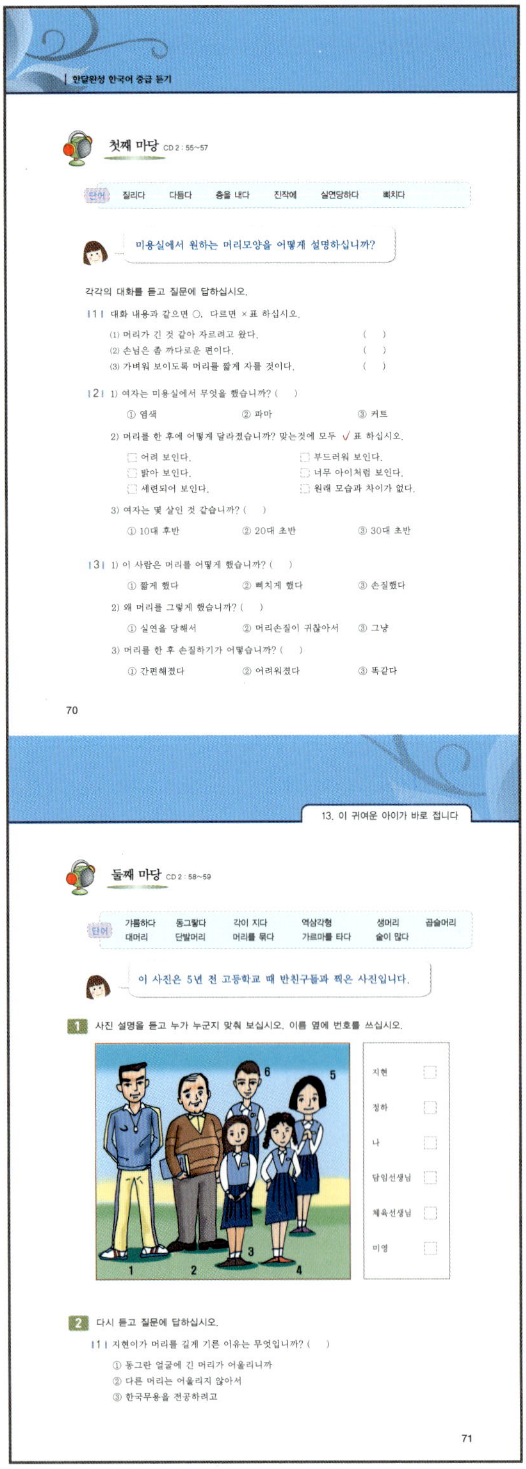

■ 첫째 마당

|1| (1) ×
(2) ×
(3) ×

|2| 1) ①
2) 어리고 세련되고 부드러워 보인다
3) ③

|3| 1) ①
2) ③
3) ②

■ 둘째 마당

1 지현 3, 정하 4, 나 5, 담임선생님 2, 체육선생님 1, 미영 6

2

|1| ③

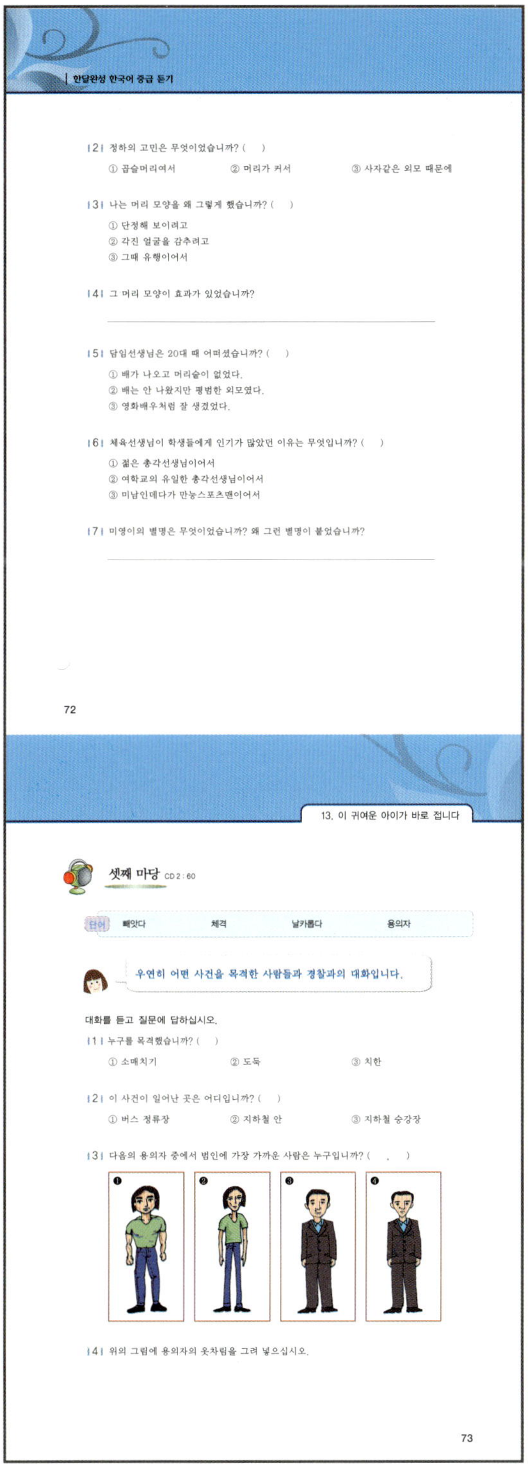
| 한달완성 한국어 중급 듣기

|2| 정하의 고민은 무엇이었습니까? ( )

① 곱슬머리여서 ② 머리가 커서 ③ 사자같은 외모 때문에

|3| 나는 머리 모양을 왜 그렇게 했습니까? ( )

① 단정해 보이려고
② 각진 얼굴을 감추려고
③ 그때 유행이어서

|4| 그 머리 모양이 효과가 있었습니까?

|5| 담임선생님은 20대 때 어떠셨습니까? ( )

① 배가 나오고 머리숱이 없었다.
② 배는 안 나왔지만 평범한 외모였다.
③ 영화배우처럼 잘 생겼었다.

|6| 체육선생님이 학생들에게 인기가 많았던 이유는 무엇입니까? ( )

① 젊은 총각선생님이어서
② 여학교의 유일한 총각선생님이어서
③ 미남인데다가 만능스포츠맨이어서

|7| 미영이의 별명은 무엇이었습니까? 왜 그런 별명이 붙었습니까?

72

13. 이 귀여운 아이가 바로 접니다

셋째 마당 CD 2 : 60

단어 빼앗다 체격 날카롭다 용의자

우연히 어떤 사건을 목격한 사람들과 경찰과의 대화입니다.

대화를 듣고 질문에 답하십시오.

|1| 누구를 목격했습니까? ( )

① 소매치기 ② 도둑 ③ 치한

|2| 이 사건이 일어난 곳은 어디입니까? ( )

① 버스 정류장 ② 지하철 안 ③ 지하철 승강장

|3| 다음의 용의자 중에서 범인에 가장 가까운 사람은 누구입니까? (,)

|4| 위의 그림에 용의자의 옷차림을 그려 넣으십시오.

73

|2| ①

|3| ②

|4| 없었다

|5| ③

|6| ③

|7| 꽃미남/예쁘게 생긴 남자같아서

■ 셋째 마당

|1| ①

|2| ③

|3| ②, ④

14과 한국말을 배우게 된 동기가 있습니까?

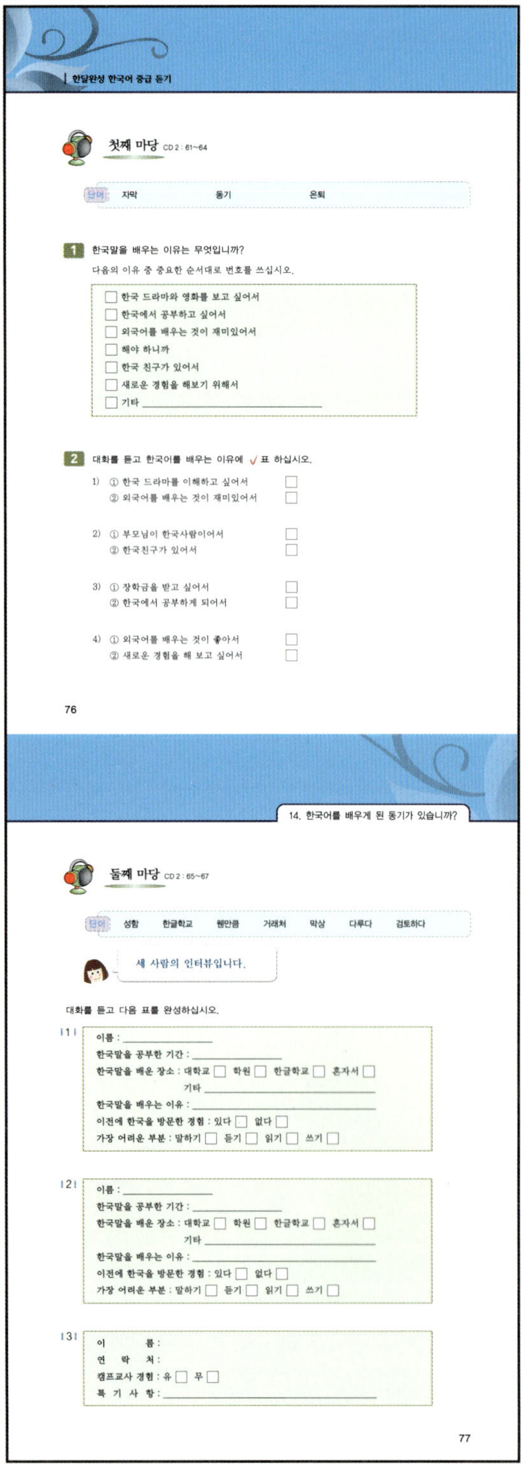
한달완성 한국어 중급 듣기

첫째 마당 CD 2 : 61~64

단어 자막 동기 은퇴

1 한국말을 배우는 이유는 무엇입니까?

다음의 이유 중 중요한 순서대로 번호를 쓰십시오.

- □ 한국 드라마와 영화를 보고 싶어서
- □ 한국에서 공부하고 싶어서
- □ 외국어를 배우는 것이 재미있어서
- □ 해야 하니까
- □ 한국 친구가 있어서
- □ 새로운 경험을 해보기 위해서
- □ 기타 ________________

2 대화를 듣고 한국어를 배우는 이유에 ✓ 표 하십시오.

1) ① 한국 드라마를 이해하고 싶어서 □
② 외국어를 배우는 것이 재미있어서 □

2) ① 부모님이 한국사람이어서 □
② 한국친구가 있어서 □

3) ① 장학금을 받고 싶어서 □
② 한국에서 공부하게 되어서 □

4) ① 외국어를 배우는 것이 좋아서 □
② 새로운 경험을 해 보고 싶어서 □

76

14. 한국어를 배우게 된 동기가 있습니까?

둘째 마당 CD 2 : 65~67

단어 성함 한글학교 웬만큼 거래처 막상 다루다 검토하다

세 사람의 인터뷰입니다.

대화를 듣고 다음 표를 완성하십시오.

|1|
이름 : ____________
한국말을 공부한 기간 : ____________
한국말을 배운 장소 : 대학교 □ 학원 □ 한글학교 □ 혼자서 □
기타 ____________
한국말을 배우는 이유 : ____________
이전에 한국을 방문한 경험 : 있다 □ 없다 □
가장 어려운 부분 : 말하기 □ 듣기 □ 읽기 □ 쓰기 □

|2|
이름 : ____________
한국말을 공부한 기간 : ____________
한국말을 배운 장소 : 대학교 □ 학원 □ 한글학교 □ 혼자서 □
기타 ____________
한국말을 배우는 이유 : ____________
이전에 한국을 방문한 경험 : 있다 □ 없다 □
가장 어려운 부분 : 말하기 □ 듣기 □ 읽기 □ 쓰기 □

|3|
이 름 :
연 락 처 :
캠프교사 경험 : 유 □ 무 □
특 기 사 항 : ____________

77

■ 첫째 마당

2

1) ①

2) ②

3) ②

4) ②

■ 둘째 마당

|1| 김유진 / 6년 / 한글학교 / 앞으로 한국말을 배울 기회가 없을 것 같아서 / 없다 / 읽기

|2| 다나카/3년/학원/일 때문에/있다/말하기

|3| 이영수/011-2134-5799/무/수영, 테니스, 태권도, 마술

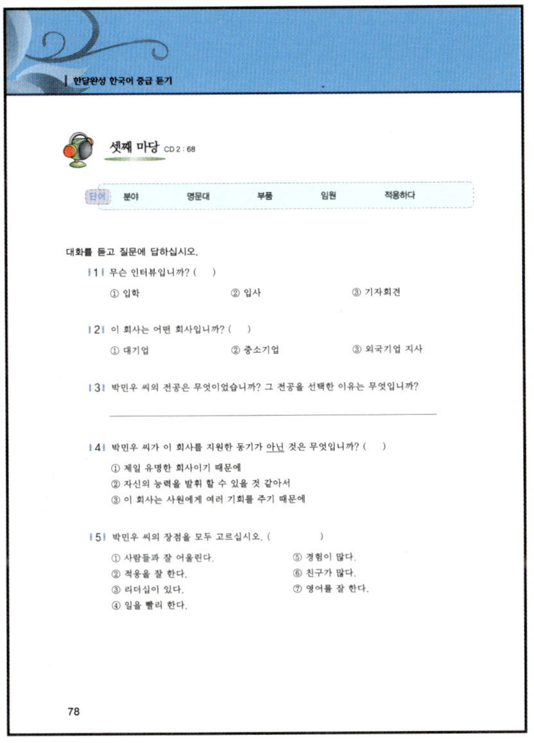
| 한달완성 한국어 중급 듣기

셋째 마당 CD 2 : 68

단어 분야 명문대 부품 임원 적용하다

대화를 듣고 질문에 답하십시오.

|1| 무슨 인터뷰입니까? (   )

① 입학 ② 입사 ③ 기자회견

|2| 이 회사는 어떤 회사입니까? (   )

① 대기업 ② 중소기업 ③ 외국기업 지사

|3| 박민우 씨의 전공은 무엇이었습니까? 그 전공을 선택한 이유는 무엇입니까?

|4| 박민우 씨가 이 회사를 지원한 동기가 아닌 것은 무엇입니까? (   )

① 제일 유명한 회사이기 때문에
② 자신의 능력을 발휘 할 수 있을 것 같아서
③ 이 회사는 사원에게 여러 기회를 주기 때문에

|5| 박민우 씨의 장점을 모두 고르십시오. (   )

① 사람들과 잘 어울린다.
② 적응을 잘 한다.
③ 리더십이 있다.
④ 일을 빨리 한다.
⑤ 경험이 많다.
⑥ 친구가 많다.
⑦ 영어를 잘 한다.

78

■ 셋째 마당

|1| ②

|2| ②

|3| 경영학/해외무역에 관심이 있어서

|4| ①

|5| ①, ②, ③, ⑦

15과 어떻게 하면 듣기를 잘 할 수 있습니까?

첫째 마당 CD 3 : 1

단어 파악하다 전개되다 매달리다 흐름 불가능하다

여러분은 듣기가 왜 어렵다고 생각하십니까?

1 다음의 이유 중 순서대로 번호를 쓰십시오.

- ☐ 단어를 몰라서
- ☐ 단어의 정확한 발음을 몰라서
- ☐ 문법을 몰라서
- ☐ 한국문화를 잘 몰라서
- ☐ 너무 빨리 말해서
- ☐ 긴장되어서
- ☐ 기타 ____________________

2 강의를 듣고 질문에 답하십시오.

|1| 어제 수업 내용은 무엇이었습니까? (　　)

① 한국말을 배우는 이유　② 한글에 대한 소개
③ 한국말을 가르치는 곳 소개　④ 한국을 방문한 이유

|2| 오늘 수업은 무엇에 대한 내용일까요? (　　)

① 듣고 내용 이해를 잘 할 수 있는 방법
② 들은 내용을 잘 기억하는 방법
③ 받아쓰기를 빨리 할 수 있는 방법

|3| 오늘의 수업 내용을 요약하십시오.

1. ____________________을/를 놓치지 마십시오.
2. 이미 놓친 부분에 ____________________
3. 모르는 단어는 ____________________하십시오.
4. ____________________에도 주의해서 들으십시오.
5. 메모는 ____________________하게 하십시오.

80

둘째 마당 CD 3 : 2~5

단어 문제를 풀다 당분간

듣고 질문에 답하십시오.

|1| 무엇에 대한 이야기입니까? (　　)

① 2 · 3번 문제에 답을 쓰는 방법 설명
② 2 · 3번 문제의 정답

|2| 이야기하는 사람들은 누구입니까? (　　)

답	힌트가 된 단어
① 의사 ② 학생 ③ 회사원	

|3| '동문서답'의 뜻을 맞게 설명한 것은 무엇입니까? (　　)

답	힌트가 된 단어
① 질문과 관계없는 대답 ② 손짓발짓으로 하는 대화 ③ 동서남북을 알려주는 대답	

|4| 말하는 사람의 기분이 어떻습니까? (　　)

① 아무 느낌이 없다　② 놀랐다　③ 답답하다

81

■ 첫째 마당

2

|1| ①

|2| ①

|3| 첫문장/매달리지 마십시오/추측/억양/간단

■ 둘째 마당

|1| ①

|2| ②/수업,휴강,교수님

|3| ①/창피하다, 질문, 대답

|4| ②

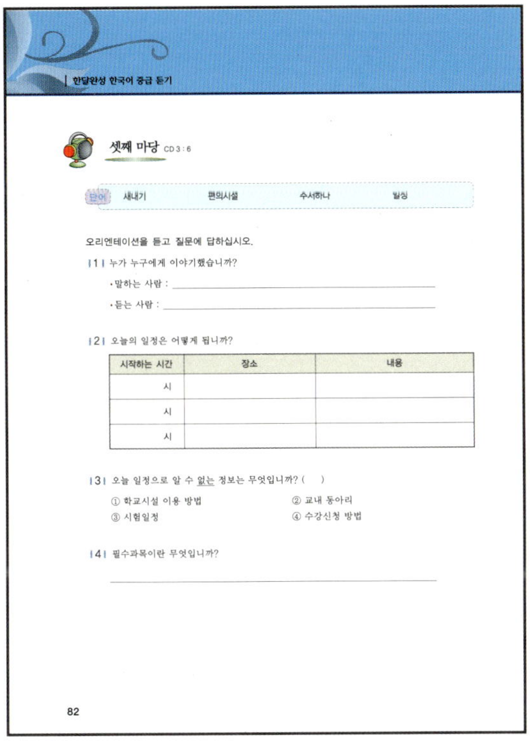

| 한달완성 한국어 중급 듣기

셋째 마당 CD 3 : 6

단어 새내기 편의시설 수서하나 빌딩

오리엔테이션을 듣고 질문에 답하십시오.

|1| 누가 누구에게 이야기했습니까?

• 말하는 사람 : ____________________

• 듣는 사람 : ____________________

|2| 오늘의 일정은 어떻게 됩니까?

시작하는 시간	장소	내용
시		
시		
시		

|3| 오늘 일정으로 알 수 없는 정보는 무엇입니까? (　　)

① 학교시설 이용 방법　　② 교내 동아리
③ 시험일정　　④ 수강신청 방법

|4| 필수과목이란 무엇입니까?

____

82

■ 셋째 마당

|1| • 말하는 사람 : 연세대학교 학생 과장 김영민

• 듣는 사람 : 새내기들

|2|

시작하는 시간	장소	내용
10 시	대강당	교내시설 안내
10 시	대강당	동아리활동 소개
1 시	과 사무실	수강신청 안내

|3| ③

|4| 전공에 따라 꼭 들어야 하는 과목

16과 상담 좀 하고 싶은데요

■ 첫째 마당

|1| 월요일부터 목요일, 오후 2시부터 4시까지

|2| 신청용지에 상담 희망 시간과 연락 가능한 전화번호를 적어 신청함에 넣는다

|3| ③

■ 둘째 마당

|1| 학업/전공이 적성에 안 맞아서

|2| 학교생활 적응문제/자유 시간을 어떻게 보낼지 고민

|3| 이성교제/짝사랑하는 여학생이 생김

|4| 진로/취업이 안 돼서

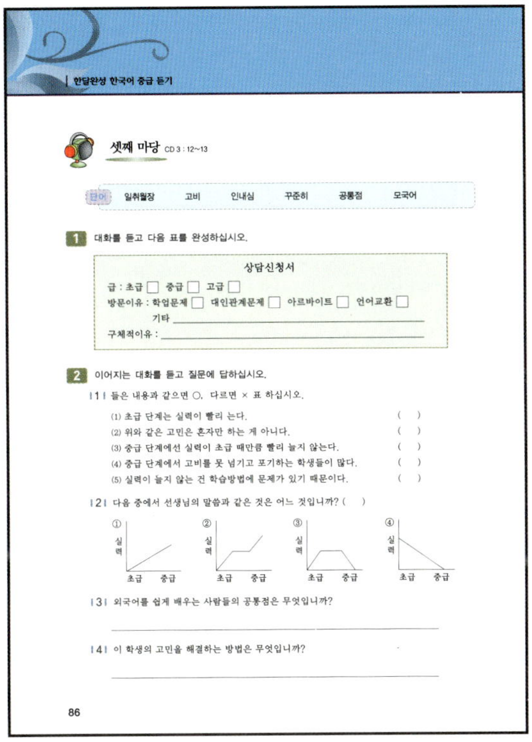
| 한달완성 한국어 중급 듣기

셋째 마당 CD 3 : 12~13

단어 일취월장 고비 인내심 꾸준히 공통점 모국어

1 대화를 듣고 다음 표를 완성하십시오.

상담신청서
급 : 초급 □ 중급 □ 고급 □
방문이유 : 학업문제 □ 대인관계문제 □ 아르바이트 □ 언어교환 □
기타 ____
구체적이유 : ____

2 이어지는 대화를 듣고 질문에 답하십시오.

|1| 들은 내용과 같으면 ○, 다르면 × 표 하십시오.

(1) 초급 단계는 실력이 빨리 는다. ( )
(2) 위와 같은 고민은 혼자만 하는 게 아니다. ( )
(3) 중급 단계에선 실력이 초급 때만큼 빨리 늘지 않는다. ( )
(4) 중급 단계에서 고비를 못 넘기고 포기하는 학생들이 많다. ( )
(5) 실력이 늘지 않는 건 학습방법에 문제가 있기 때문이다. ( )

|2| 다음 중에서 선생님의 말씀과 같은 것은 어느 것입니까? ( )

|3| 외국어를 쉽게 배우는 사람들의 공통점은 무엇입니까?

|4| 이 학생의 고민을 해결하는 방법은 무엇입니까?

86

■ 셋째 마당

1

중급/학업문제/공부해도 실력이 늘지 않는다.

2

|1| 1) ○

2) ○

3) ○

4) ○

5) ×

|2| ②

|3| 실수를 부끄러워하지 않고 모국어 실력이 좋다

|4| 인내심을 갖고 꾸준히 노력한다

17과 여가시간을 어떻게 보내십니까?

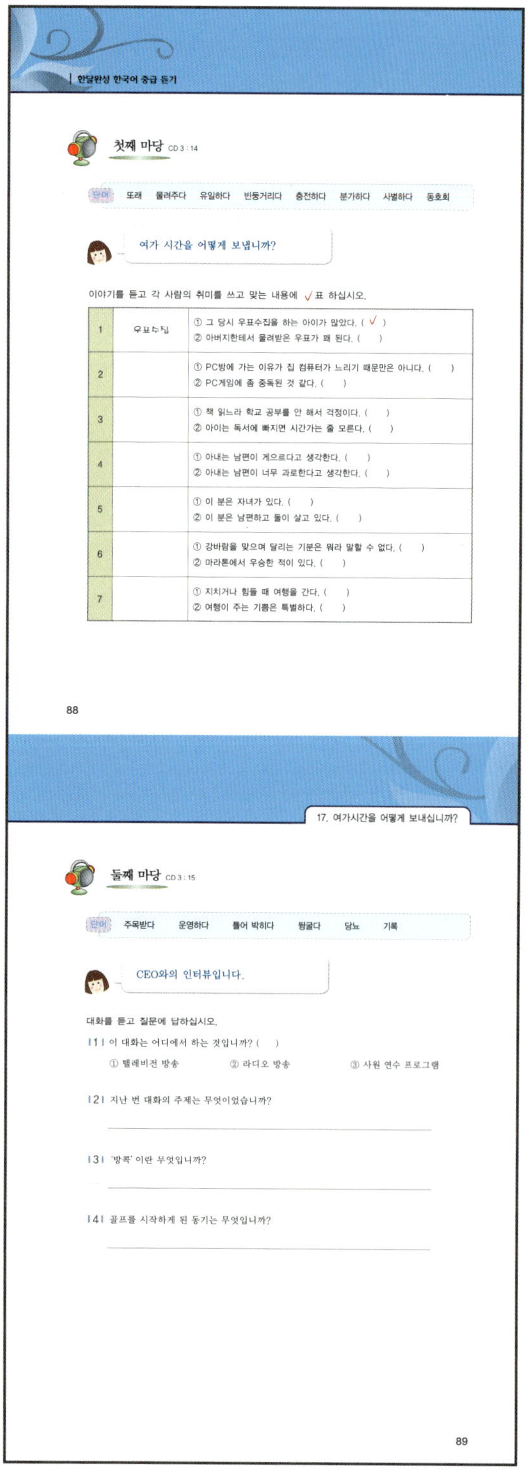
한달완성 한국어 중급 듣기

첫째 마당 CD 3 : 14

단어 또래 물려주다 유일하다 빈둥거리다 충전하다 분가하다 사별하다 동호회

여가 시간을 어떻게 보냅니까?

이야기를 듣고 각 사람의 취미를 쓰고 맞는 내용에 √ 표 하십시오.

1	우표수집	① 그 당시 우표수집을 하는 아이가 많았다. (√) ② 아버지한테서 물려받은 우표가 꽤 된다. ( )
2		① PC방에 가는 이유가 집 컴퓨터가 느리기 때문만은 아니다. ( ) ② PC게임에 좀 중독된 것 같다. ( )
3		① 책 읽느라 학교 공부를 안 해서 걱정이다. ( ) ② 아이는 독서에 빠지면 시간가는 줄 모른다. ( )
4		① 아내는 남편이 게으르다고 생각한다. ( ) ② 아내는 남편이 너무 과로한다고 생각한다. ( )
5		① 이 분은 자녀가 있다. ( ) ② 이 분은 남편하고 둘이 살고 있다. ( )
6		① 강바람을 맞으며 달리는 기분은 뭐라 말할 수 없다. ( ) ② 마라톤에서 우승한 적이 있다. ( )
7		① 지치거나 힘들 때 여행을 간다. ( ) ② 여행이 주는 기쁨은 특별하다. ( )

88

17. 여가시간을 어떻게 보내십니까?

둘째 마당 CD 3 : 15

단어 주목받다 운영하다 틀어 박히다 뒹굴다 당뇨 기록

CEO와의 인터뷰입니다.

대화를 듣고 질문에 답하십시오.

|1| 이 대화는 어디에서 하는 것입니까? ( )
① 텔레비전 방송 ② 라디오 방송 ③ 사원 연수 프로그램

|2| 지난 번 대화의 주제는 무엇이었습니까?

|3| '방콕'이란 무엇입니까?

|4| 골프를 시작하게 된 동기는 무엇입니까?

89

■ 첫째 마당

1	우표수집	① 그 당시 우표수집을 하는 아이가 많았다. (√) ② 아버지한테서 물려받은 우표가 꽤 된다. ( )
2	컴퓨터 게임	① PC방에 가는 이유가 집 컴퓨터가 느리기 때문만은 아니다. (√) ② PC게임에 좀 중독된 것 같다. ( )
3	독서	① 책 읽느라 학교 공부를 안 해서 걱정이다. ( ) ② 아이는 독서에 빠지면 시간가는 줄 모른다. (√)
4	아무것도 안하기	① 아내는 남편이 게으르다고 생각한다. (√) ② 아내는 남편이 너무 과로한다고 생각한다. ( )
5	꽃 기르기	① 이 분은 자녀가 있다. (√) ② 이 분은 남편하고 둘이 살고 있다. ( )
6	달리기	① 강바람을 맞으며 달리는 기분은 뭐라 말할 수 없다. (√) ② 마라톤에서 우승한 적이 있다. ( )
7	여행	① 지치거나 힘들 때 여행을 간다. ( ) ② 여행이 주는 기쁨은 특별하다. (√)

■ 둘째 마당

|1| ②

|2| 사업성공 과정

|3| 방에 콕 틀어 박혀 뒹구는 것

|4| 고혈압과 당뇨가 생겨서

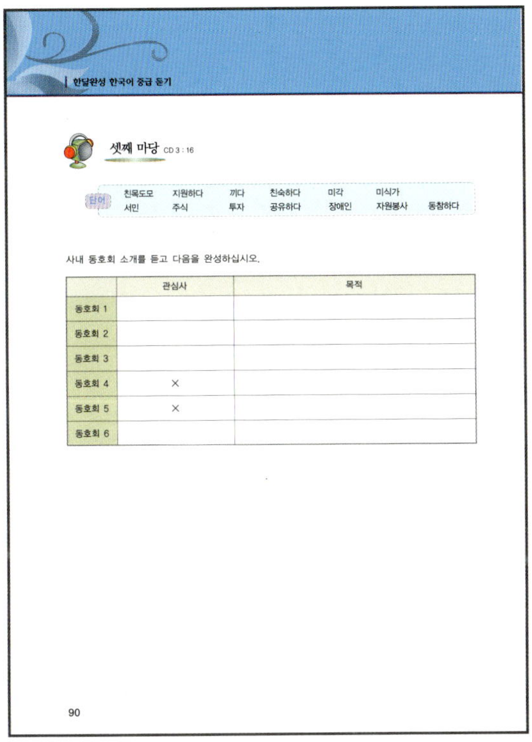
| 한달완성 한국어 중급 듣기

셋째 마당 CD 3 : 16

단어 친목도모 지원하다 끼다 친숙하다 미각 미식가 서민 주식 투자 공유하다 장애인 자원봉사 동참하다

사내 동호회 소개를 듣고 다음을 완성하십시오.

	관심사	목적
동호회 1		
동호회 2		
동호회 3		
동호회 4	×	
동호회 5	×	
동호회 6		

90

■ 셋째 마당

	관심사	목적
동호회 1	축구	운동하면서 우정 쌓기
동호회 2	와인	대화에 참여
동호회 3	음식	음식을 나눠먹는 좋은 친구 사귀기
동호회 4	×	내 집 마련
동호회 5	×	자원 봉사
동호회 6	가구 만들기	화목한 가족

18과 음식이 보약입니다

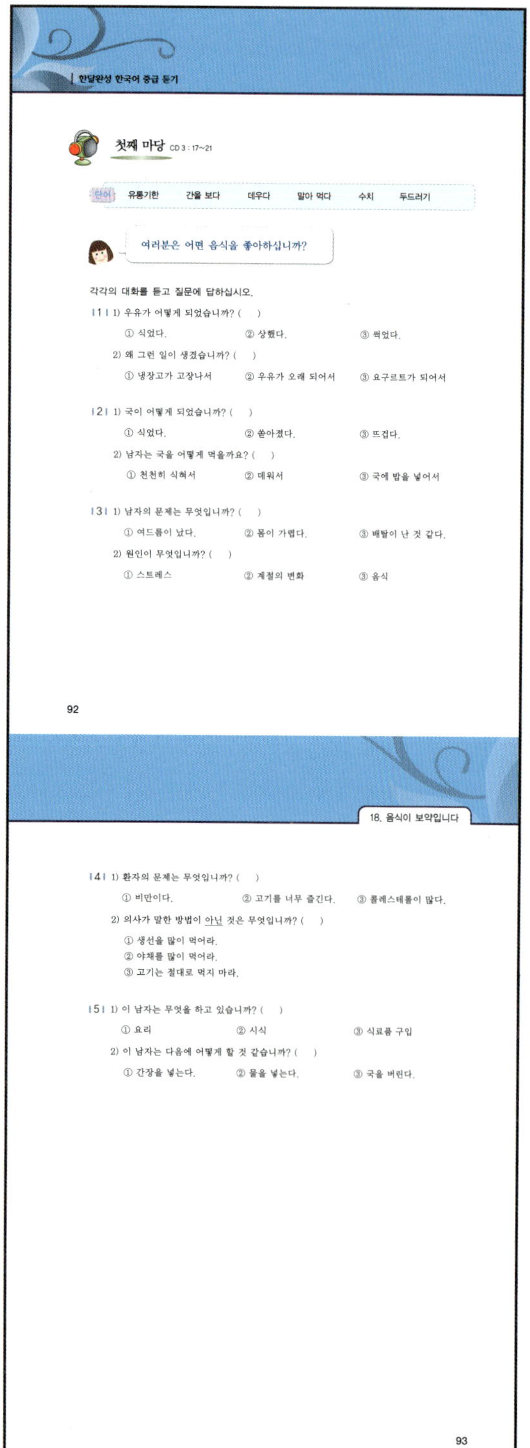

한달완성 한국어 중급 듣기

첫째 마당 CD 3 : 17~21

단어 유통기한 간을 보다 데우다 말아 먹다 수치 두드러기

여러분은 어떤 음식을 좋아하십니까?

각각의 대화를 듣고 질문에 답하십시오.

|1| 1) 우유가 어떻게 되었습니까? ( )

① 식었다. ② 상했다. ③ 썩었다.

2) 왜 그런 일이 생겼습니까? ( )

① 냉장고가 고장나서 ② 우유가 오래 되어서 ③ 요구르트가 되어서

|2| 1) 국이 어떻게 되었습니까? ( )

① 식었다. ② 쏟아졌다. ③ 뜨겁다.

2) 남자는 국을 어떻게 먹을까요? ( )

① 천천히 식혀서 ② 데워서 ③ 국에 밥을 넣어서

|3| 1) 남자의 문제는 무엇입니까? ( )

① 여드름이 났다. ② 몸이 가렵다. ③ 배탈이 난 것 같다.

2) 원인이 무엇입니까? ( )

① 스트레스 ② 계절의 변화 ③ 음식

92

18. 음식이 보약입니다

|4| 1) 환자의 문제는 무엇입니까? ( )

① 비만이다. ② 고기를 너무 즐긴다. ③ 콜레스테롤이 많다.

2) 의사가 말한 방법이 아닌 것은 무엇입니까? ( )

① 생선을 많이 먹어라.
② 야채를 많이 먹어라.
③ 고기는 절대로 먹지 마라.

|5| 1) 이 남자는 무엇을 하고 있습니까? ( )

① 요리 ② 시식 ③ 식료품 구입

2) 이 남자는 다음에 어떻게 할 것 같습니까? ( )

① 간장을 넣는다. ② 물을 넣는다. ③ 국을 버린다.

93

■ 첫째 마당

|1| 1) ②
2) ②

|2| 1) ①
2) ③

|3| 1) ②
2) ③

|4| 1) ③
2) ③

|5| 1) ①
2) ②

둘째 마당 CD 3 : 22~24

단어 다지다 썰다 양념하다 익다 간을 맞추다 발효식품 알칼리 열량 성분 지방 흡수

1 요리 방송을 듣고 질문에 답하십시오.

|1| 김치찌개에 들어간 재료에 √표 하십시오.

|2| 다시 듣고 그림 밑에 요리순서에 따라 번호를 쓰십시오.

( ) ( ) ( ) ( ) ( )

2 이야기를 듣고 질문에 답하십시오.

|1| 이야기 내용과 같으면 ○, 다르면 ×표 하십시오.

(1) 김치는 한국을 대표하는 음식이다. ( )
(2) 발효식품인 김치는 비타민이 거의 없다. ( )
(3) 김치가 다이어트에 좋다. ( )

|2| '깍두기'가 뜻하는 의미가 아닌 것은 무엇입니까? ( )

① 김치이름 ② 이편 저편에 다 끼어서 놀이에 참가하는 아이
③ 못 생긴 다리 ④ 스포츠형 머리

셋째 마당 CD 3 : 25

단어 체질 특성 발달하다 상체 하체 간 폐 역삼각형 위 신장 내성적이다

대화를 듣고 질문에 답하십시오.

|1| 오늘 방송의 주제는 무엇입니까? ( )

① 한국 의학의 발달
② 각 체질의 특성과 그 체질에 맞는 음식
③ 체질을 바꾸는 방법

|2| 오늘 방송의 초대손님은 누구입니까? ( )

① 한의사 ② 영양사 ③ 교수

|3| 다음 표를 완성하십시오.

체질	태양인(√) 태음인( ) 소양인( ) 소음인( )	태양인( ) 태음인( ) 소양인( ) 소음인( )	태양인( ) 태음인( ) 소양인( ) 소음인( )	태양인( ) 태음인( ) 소양인( ) 소음인( )
약한 부분		폐		
성격			솔직하다 명랑하다	
좋은 음식				닭고기, 인삼

■ 둘째 마당

1

|1|

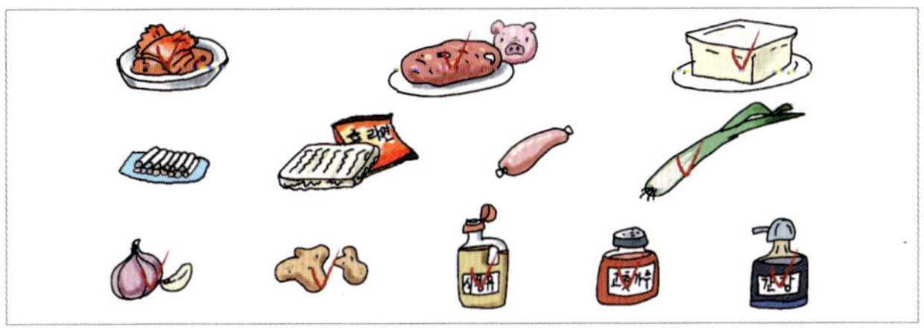

|2|

(2) (3) (5) (1) (4)

2

|1| (1) ○ (2) × (3) ○

|2| ③

■ 셋째 마당

|1| ②

|2| ①

|3|

체질	태양인(√) 태음인( ) 소양인( ) 소음인( )	태양인( ) 태음인(√) 소양인( ) 소음인( )	태양인( ) 태음인( ) 소양인(√) 소음인( )	태양인( ) 태음인( ) 소양인( ) 소음인(√)
약한 부분	간	폐	신장	위장
성격	자존심이 강하고 적극적	말이 적으나 집중력이 강함	솔직하다 명랑하다	꼼꼼하고 내성적
좋은 음식	새우, 조개	소고기	돼지고기, 해삼	닭고기, 인삼

19과 오늘 뉴스 들으셨습니까?

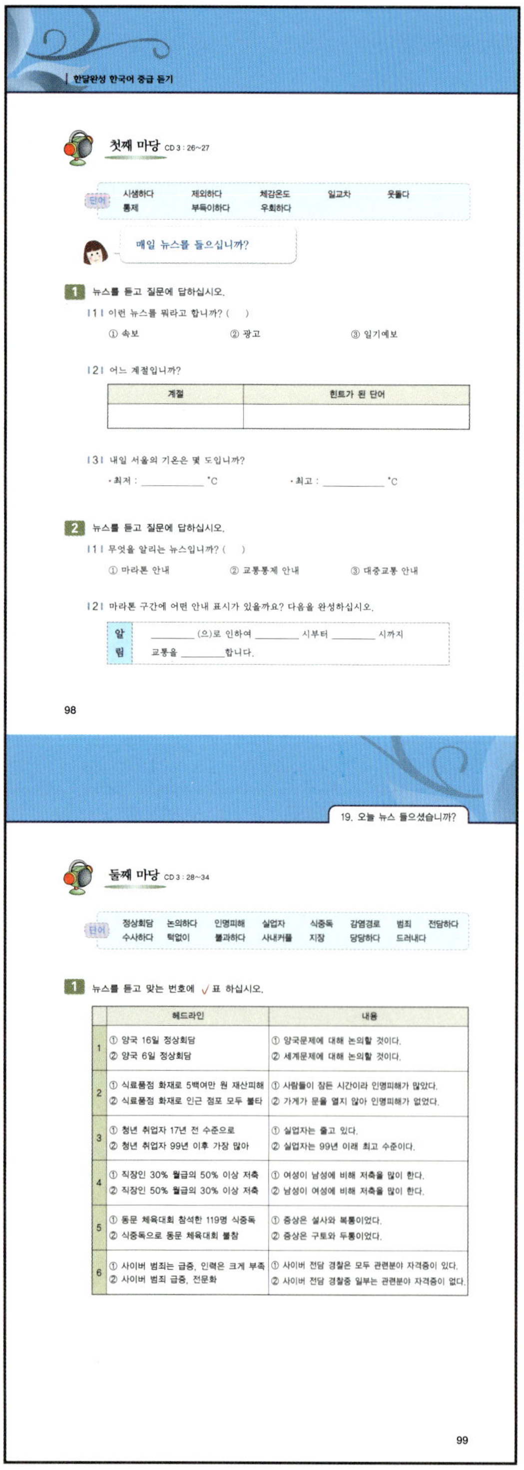

첫째 마당 CD 3 : 26~27

단어: 시샘하다 제외하다 체감온도 일교차 웃돌다 통제 부득이하다 우회하다

매일 뉴스를 들으십니까?

1 뉴스를 듣고 질문에 답하십시오.

|1| 이런 뉴스를 뭐라고 합니까? ( )

① 속보 ② 광고 ③ 일기예보

|2| 어느 계절입니까?

계절	힌트가 된 단어

|3| 내일 서울의 기온은 몇 도입니까?

• 최저 : ________ ˚C • 최고 : ________ ˚C

2 뉴스를 듣고 질문에 답하십시오.

|1| 무엇을 알리는 뉴스입니까? ( )

① 마라톤 안내 ② 교통통제 안내 ③ 대중교통 안내

|2| 마라톤 구간에 어떤 안내 표시가 있을까요? 다음을 완성하십시오.

알림: ________(으)로 인하여 ________ 시부터 ________ 시까지 교통을 ________합니다.

98

둘째 마당 CD 3 : 28~34

단어: 정상회담 논의하다 인명피해 실업자 식중독 감염경로 범죄 전담하다 수사하다 턱없이 불과하다 사내커플 지장 당당하다 드러내다

1 뉴스를 듣고 맞는 번호에 √표 하십시오.

	헤드라인	내용
1	① 양국 16일 정상회담 ② 양국 6일 정상회담	① 양국문제에 대해 논의할 것이다. ② 세계문제에 대해 논의할 것이다.
2	① 식료품점 화재로 5백여만 원 재산피해 ② 식료품점 화재로 인근 점포 모두 불타	① 사람들이 잠든 시간이라 인명피해가 많았다. ② 가게가 문을 열지 않아 인명피해가 없었다.
3	① 청년 취업자 17년 전 수준으로 ② 청년 취업자 99년 이후 가장 많아	① 실업자는 줄고 있다. ② 실업자는 99년 이래 최고 수준이다.
4	① 직장인 30% 월급의 50% 이상 저축 ② 직장인 50% 월급의 30% 이상 저축	① 여성이 남성에 비해 저축을 많이 한다. ② 남성이 여성에 비해 저축을 많이 한다.
5	① 동문 체육대회 참석한 119명 식중독 ② 식중독으로 동문 체육대회 불참	① 증상은 설사와 복통이었다. ② 증상은 구토와 두통이었다.
6	① 사이버 범죄는 급증, 인력은 크게 부족 ② 사이버 범죄 급증, 전문화	① 사이버 전담 경찰은 모두 관련분야 자격증이 있다. ② 사이버 전담 경찰중 일부는 관련분야 자격증이 없다.

99

■ 첫째 마당

1

|1| ③

|2| 봄/봄을 시샘하는 추위

|3| 영하5도/영상5도

2

|1| ②

|2| 마라톤대회/오전 9/오후2/통제

■ 둘째 마당

1

	헤드라인	내용
1	✓ 양국 16일 정상회담 ② 양국 6일 정상회담	✓ 양국문제에 대해 논의할 것이다. ② 세계문제에 대해 논의할 것이다.
2	✓ 식료품점 화재로 5백여만 원 재산피해 ② 식료품점 화재로 인근 점포 모두 불타	① 사람들이 잠든 시간이라 인명피해가 많았다. ✓ 가게가 문을 열지 않아 인명피해가 없었다.
3	✓ 청년 취업자 17년 전 수준으로 ② 청년 취업자 99년 이후 가장 많아	① 실업자는 줄고 있다. ✓ 실업자는 99년 이래 최고 수준이다.
4	✓ 직장인 30% 월급의 50% 이상 저축 ② 직장인 50% 월급의 30% 이상 저축	✓ 여성이 남성에 비해 저축을 많이 한다. ② 남성이 여성에 비해 저축을 많이 한다.
5	✓ 동문 체육대회 참석한 119명 식중독 ② 식중독으로 동문 체육대회 불참	✓ 증상은 설사와 복통이었다. ② 증상은 구토와 두통이었다.
6	✓ 사이버 범죄는 급증, 인력은 크게 부족 ② 사이버 범죄 급증, 전문화	① 사이버 전담 경찰은 모두 관련분야 자격증이 있다. ✓ 사이버 전담 경찰중 일부는 관련분야 자격증이 없다.

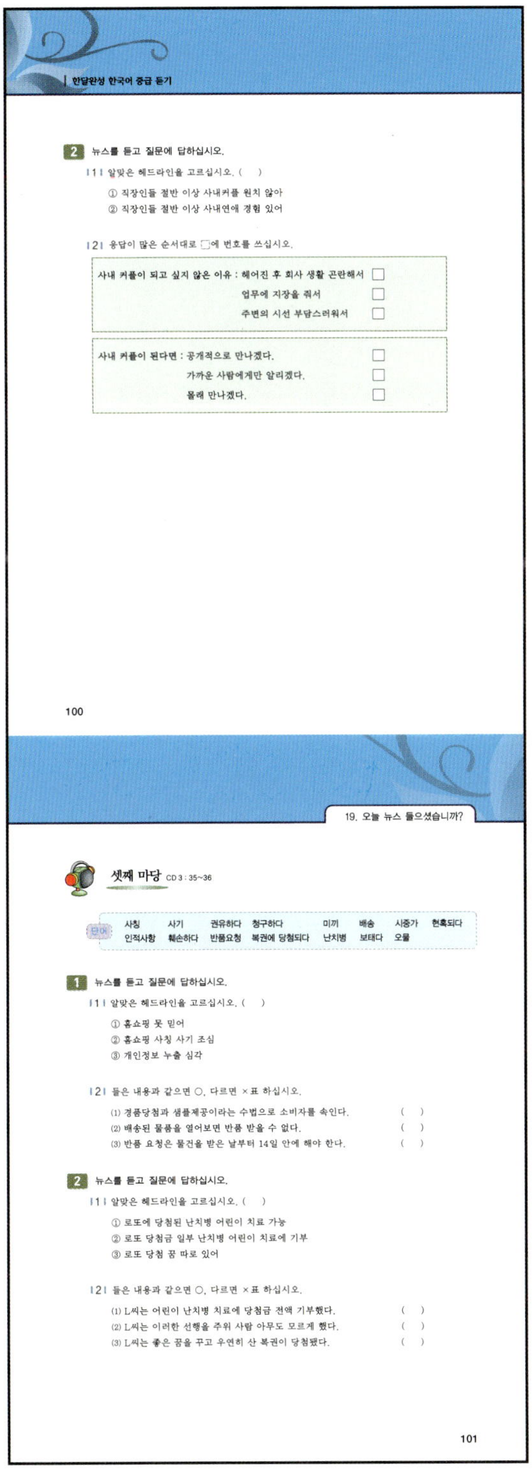

2 뉴스를 듣고 질문에 답하십시오.

|1| 알맞은 헤드라인을 고르십시오. (　　)

① 직장인들 절반 이상 사내커플 원치 않아
② 직장인들 절반 이상 사내연애 경험 있어

|2| 응답이 많은 순서대로 □에 번호를 쓰십시오.

사내 커플이 되고 싶지 않은 이유 : 헤어진 후 회사 생활 곤란해서	□
업무에 지장을 줘서	□
주변의 시선 부담스러워서	□

사내 커플이 된다면 : 공개적으로 만나겠다.	□
가까운 사람에게만 알리겠다.	□
몰래 만나겠다.	□

셋째 마당 CD 3 : 35~36

단어: 사칭　사기　권유하다　청구하다　미끼　배송　시중가　현혹되다　인적사항　훼손하다　반품요청　복권에 당첨되다　난치병　보태다　오물

1 뉴스를 듣고 질문에 답하십시오.

|1| 알맞은 헤드라인을 고르십시오. (　　)

① 홈쇼핑 못 믿어
② 홈쇼핑 사칭 사기 조심
③ 개인정보 누출 심각

|2| 들은 내용과 같으면 ○, 다르면 ×표 하십시오.

(1) 경품당첨과 샘플제공이라는 수법으로 소비자를 속인다. (　　)
(2) 배송된 물품을 열어보면 반품 받을 수 없다. (　　)
(3) 반품 요청은 물건을 받은 날부터 14일 안에 해야 한다. (　　)

2 뉴스를 듣고 질문에 답하십시오.

|1| 알맞은 헤드라인을 고르십시오. (　　)

① 로또에 당첨된 난치병 어린이 치료 가능
② 로또 당첨금 일부 난치병 어린이 치료에 기부
③ 로또 당첨 꿈 따로 있어

|2| 들은 내용과 같으면 ○, 다르면 ×표 하십시오.

(1) L씨는 어린이 난치병 치료에 당첨금 전액 기부했다. (　　)
(2) L씨는 이러한 선행을 주위 사람 아무도 모르게 했다. (　　)
(3) L씨는 좋은 꿈을 꾸고 우연히 산 복권이 당첨됐다. (　　)

2

|1| ①

|2|

사내 커플이 되고 싶지 않은 이유 : 헤어진 후 회사 생활 곤란해서	1
업무에 지장을 줘서	3
주변의 시선 부담스러워서	2

사내 커플이 된다면 : 공개적으로 만나겠다.	3
가까운 사람에게만 알리겠다.	1
몰래 만나겠다.	2

■ 셋째 마당

1

|1| ②

|2| (1) ○
(2) ×
(3) ○

2

|1| ②

|2| (1) ×
(2) ×
(3) ×

20과 듣기 실력을 점검해 봅시다(Ⅱ)

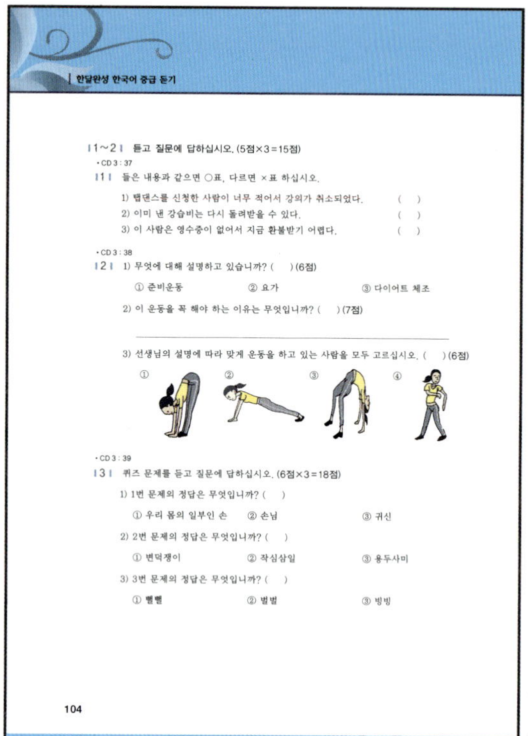

| 1~2 | 듣고 질문에 답하십시오. (5점×3=15점)

• CD 3 : 37

| 1 | 들은 내용과 같으면 ○표, 다르면 ×표 하십시오.

1) 탭댄스를 신청한 사람이 너무 적어서 강의가 취소되었다. ( )
2) 이미 낸 강습비는 다시 돌려받을 수 있다. ( )
3) 이 사람은 영수증이 없어서 지금 환불받기 어렵다. ( )

• CD 3 : 38

| 2 | 1) 무엇에 대해 설명하고 있습니까? ( ) (6점)

① 준비운동 ② 요가 ③ 다이어트 체조

2) 이 운동을 꼭 해야 하는 이유는 무엇입니까? ( ) (7점)

____

3) 선생님의 설명에 따라 맞게 운동을 하고 있는 사람을 모두 고르십시오. ( ) (6점)

① ② ③ ④

• CD 3 : 39

| 3 | 퀴즈 문제를 듣고 질문에 답하십시오. (6점×3=18점)

1) 1번 문제의 정답은 무엇입니까? ( )

① 우리 몸의 일부인 손 ② 손님 ③ 귀신

2) 2번 문제의 정답은 무엇입니까? ( )

① 변덕쟁이 ② 작심삼일 ③ 용두사미

3) 3번 문제의 정답은 무엇입니까? ( )

① 뻴뻴 ② 벌벌 ③ 빙빙

104

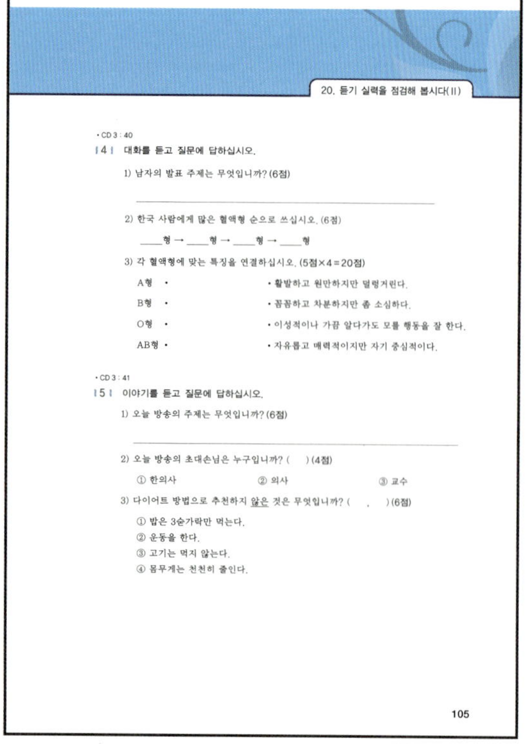

• CD 3 : 40

| 4 | 대화를 듣고 질문에 답하십시오.

1) 남자의 발표 주제는 무엇입니까? (6점)

____

2) 한국 사람에게 많은 혈액형 순으로 쓰십시오. (6점)

____형 → ____형 → ____형 → ____형

3) 각 혈액형에 맞는 특징을 연결하십시오. (5점×4=20점)

A형 • • 활발하고 원만하지만 덜렁거린다.
B형 • • 꼼꼼하고 차분하지만 좀 소심하다.
O형 • • 이성적이나 가끔 알다가도 모를 행동을 잘 한다.
AB형 • • 자유롭고 매력적이지만 자기 중심적이다.

• CD 3 : 41

| 5 | 이야기를 듣고 질문에 답하십시오.

1) 오늘 방송의 주제는 무엇입니까? (6점)

____

2) 오늘 방송의 초대손님은 누구입니까? ( ) (4점)

① 한의사 ② 의사 ③ 교수

3) 다이어트 방법으로 추천하지 않은 것은 무엇입니까? (,) (6점)

① 밥은 3숟가락만 먹는다.
② 운동을 한다.
③ 고기는 먹지 않는다.
④ 몸무게는 천천히 줄인다.

105

| 1-2 |

| 1 | 1) ○
2) ○
3) ×

| 2 | 1) ①
2) 운동중 부상예방
3) ①, ④

| 3 | 1) ③
2) ②
3) ①

| 4 | 1) 혈액형과 성격
2) A 형 → O 형 → B 형 → AB 형
3) A형 — 꼼꼼하고 차분하지만 좀 소심하다.
B형 — 자유롭고 매력적이지만 자기 중심적이다.
O형 — 활발하고 원만하지만 덜렁거린다.
AB형 — 이성적이나 가끔 알다가도 모를 행동을 잘 한다.

| 5 | 1)다이어트
2) ③
3) ①, ③